Christophe Wargny

Jacques Gaillot
biographie

SYROS

Maquette de couverture : Didier Thimonier
Conception et réalisation : Ici & Ailleurs

Du même auteur

Louviers sur la route de l'autogestion, Syros, 1976.

Mairies frappées d'autogestion, Syros, 1978.

À Vandoncourt, c'est tous les jours dimanche, Syros, 1980.

RMI, réussir l'insertion, en collaboration,
sous le pseudonyme de Rémi Lejeune, Syros, 1988.

La Pêche aux couteaux, Souris noire, Syros, 1989.

Monseigneur Gaillot, provocateur ou prophète,
Syros, 1989.

Tout homme est un homme, en collaboration
avec Jean-Bertrand Aristide, Seuil, 1992.

Collaboration à *Jistis, les murs peints d'Haïti,*
éd. Alternatives, 1994.

Dignité, en collaboration avec Jean-Bertrand Aristide,
Seuil, 1994.

Notre bon-père et autres pères, Syros, 1995.

En collaboration avec Jacques Gaillot,
Le monde crie, l'Église murmure, Syros, 1991.

9 *bis,* rue Abel-Hovelacque, 75013 Paris
Tél. : (1) 44 08 83 80
ISBN : 2 84146189.0

SOMMAIRE

PROLOGUE

Les enseignants parlent de l'école, les publicitaires de la communication. Les économistes prétendent annoncer le monde de demain. Les livres sont faits comme cela. Bien sûr, l'Église c'est l'affaire des chrétiens. Je ne suis pas chrétien. Et je prétends vous proposer deux cents pages sur un évêque.

Ce sont les questions posées par Jacques Gaillot qui m'ont passionné. Qu'elles soient soulevées par un évêque a excité un peu plus ma curiosité. J'ai retrouvé dans les interventions du prélat des appels que j'entends trop rarement dans ma famille naturelle, la gauche.

J'ai connu d'abord l'évêque d'Évreux au travers des médias. Des amis chrétiens rencontrés dans les années soixante-dix m'avaient quelquefois parlé de lui. Nous habitons la même région.

Jacques Gaillot ne m'a jamais rien demandé. Il a répondu sans réserve et sans détour à toutes les questions posées. Sans son concours, sa patience et son amabilité, rien n'aurait été possible.

C'était en 1989, année clé de notre histoire. Celle de l'effondrement du mur de Berlin. Deux ans après, nous approfondissions le travail entrepris, en publiant *Le monde crie, l'Église murmure.* Au hasard des invitations et des débats proposés ici et là, se multiplièrent les occasions de rencontres, de discussions. Seuls ou avec d'autres. Je ne sais combien de dizaines de fois, à Évreux, en France ou sous d'autres cieux.

Ce questionnement, ce partage me permettent aujourd'hui de proposer une biographie qui s'achève après son exclusion du diocèse d'Évreux en 1995. Une mise à l'écart aux conséquences peut-être différentes de ce qu'imaginaient les censeurs. L'avenir le dira.

À la lecture du manuscrit, il a bien voulu rectifier certaines erreurs, expliciter deux ou trois citations qui changeaient de sens dans un autre contexte, sans modifier de quelque façon que ce soit les jugements et les commentaires exprimés par l'auteur. Jacques Gaillot est loin de souscrire à toutes les appréciations et à tous les points de vue qui le touchent ou qui concernent certains de ses interlocuteurs. Je ne lui ai demandé ni son imprimatur, ni sa bénédiction. Cela va de soi. Il le rappelle dans une lettre publiée à la fin du livre. Ici comme ailleurs, chacun conserve sa liberté.

J'ai tenté de ne rien celer du personnage, ni de ses interventions. La sympathie que j'éprouve pour lui et pour sa conception de la société – la priorité aux exclus, la lutte contre les discriminations et les conformismes – a pu influencer mon travail. Je ne prétends pas à une illusoire neutralité.

Je tiens à remercier tous ceux, prêtres ou laïcs, amis ou adversaires de l'évêque d'Évreux, qui m'ont apporté leur concours. Je ne peux pas tous les citer ici. Je suis particulièrement reconnaissant à l'équipe des *Cahiers du libre avenir,* une publication de chrétiens critiques[1], et à Michel Pinchon qui ont mis plusieurs fois à ma disposition le dépouillement synthétique du courrier adressé à l'évêque d'Évreux. J'ai été particulièrement sensible à l'accueil de tous ceux que j'ai rencontrés.

C. W.

1. *Les Cahiers du libre avenir,* revue trimestrielle. Par abonnement seulement. Pour tout renseignement : Michel Pinchon, Gouville, 27240 Damville.

Il faut dénoncer cette maxime fausse et absurde ou plutôt ce délire selon lequel on doit procurer à chacun la liberté de conscience. Erreur des plus contagieuses que cette liberté absolue des opinions qui, pour la ruine de l'Église et de l'État, va se répandant de toutes parts et que certains hommes ne craignent pas de présenter comme avantageuse à la religion.

Grégoire XVI
Mirari vos, 1832.

(Extrait d'encyclique contenu dans
une lettre à Jacques Gaillot.)

PRÉFACE DE L'ABBÉ PIERRE

« Expliquez-moi un mystère… » C'était il y a quelques années, lors du cinquantenaire de la Jeunesse ouvrière chrétienne. Des milliers de jeunes s'étaient rassemblés dans la région parisienne et, assis sur un banc, je mangeais un sandwich, tout comme l'homme à l'allure très jeune qui me posait sa question et qui se présenta : « Jacques Gaillot, évêque d'Évreux. »

Bien sûr, j'avais entendu parler de lui. Nous aurions sûrement pu nous croiser plus tôt, tant les sujets qui nous importaient pouvaient nous rapprocher. Je me souvenais en particulier de son intervention en Afrique du Sud pour défendre un jeune coopérant de son diocèse, menacé d'un jugement arbitraire de la part des autorités racistes d'Afrique du Sud. C'était bien avant que l'égalité ne soit reconnue aux Noirs dans ce pays. Mais je le connaissais plus en profondeur que par l'étendue de ses interventions dont j'ignorais certaines.

Avec beaucoup de gentillesse et de fraternité, Jacques Gaillot, entre deux bouchées, me demande en substance : « Expliquez-moi un mystère. Dès que j'ouvre la bouche, on me tape dessus ; vous en dites dix fois plus que moi et vous n'avez pas de problèmes... » Un instant, j'ai réfléchi. Je ne m'étais jamais posé la question.

J'esquissais finalement deux réponses. La première allait de soi : « Je ne suis pas évêque. Quand vous vous mouillez, vos frères évêques, qui restent peut-être chez eux, passent pour des bureaucrates, ce qui leur paraît désagréable. »

Je me souviens d'un évêque nouvellement nommé au Liban, un pays où les sommités de l'Église sont entourées de signes presque moyenâgeux qui, en terre d'Islam, rassurent les chrétiens du Liban. Celui-là préférait sa vieille voiture à la traditionnelle Mercedes. L'homme était évangélique et embarrassait les autres.

La seconde réponse était plus personnelle. Chacun sait qu'il m'est arrivé de pousser des coups de gueule. Mais je crois que le bon Dieu m'a donné un sens instinctif qui me permet de percevoir jusqu'où je peux aller, de pratiquer l'insolence mesurée. Peut-être l'instinct de ne jamais tout dire. On a beaucoup commenté mes prises de position contraires à la loi, mais faites au nom d'une loi supérieure : Tu serviras le plus faible. Si nous ne faisons pas cela, nous sommes tous coupables de non-assistance à personnes en péril. Il faut parfois aller jusqu'à l'illégalité tout en évitant de provoquer des mouvements réactionnaires en retour, en même temps que la joie de beaucoup. Cette mesure de l'insolence jointe au fait que je ne suis pas évêque m'a évité tout conflit avec notre Sainte Mère l'Église.

Le père Gaillot m'a visité une autre fois à Esteville, dans cette communauté d'Emmaüs en Normandie où je vis en ermite, avec et à côté de vieillards fatigués, aveugles ou invalides. Et puis nous nous sommes retrouvés pour de nombreuses squats ces quatre dernières années. Quelques moments ici et là. Je me rappelle en particulier un 14 juillet où je rentrais d'un camp international de vacances. Parmi les exclus du logement m'attendaient Jacques Gaillot et les professeurs Léon Schwartzenberg et Albert Jacquard.

Cette solidarité avec les masses de la part de ceux qui participent à la société à un niveau élevé est indispensable. C'est un acte de foi, au nom de cette loi qui donne protection aux plus malheureux. Notre lutte commune pour le droit au logement, ces couvertures, cette nourriture, ces médicaments apportés pour que les squatters tiennent nous ont souvent permis, à Jacques Gaillot et à moi, de témoigner ensemble, d'encourager les plus démunis, de déterminer de nouveaux soutiens. Mais, en quatre ans, nous n'avons guère trouvé le temps de nous faire des confidences.

Je me garderai bien de porter des jugements sur ses différentes interventions, parce que je suis loin de les connaître toutes. Peut-être n'a-t-il pas toujours attendu le moment opportun, mais il a raison ; quand j'ai agi de manière choquante, mais finalement normale, j'ai eu moins de courage que lui. Il a foncé tête baissée, il a dit ce qu'il avait sur le cœur, mais avec tous les risques que cela comporte…

Bien sûr, nous lui avons proposé immédiatement de l'accueillir à Emmaüs. Mais il a sûrement bien fait de transporter ses pénates rue du Dragon, au milieu d'une centaine de personnes qui n'ont obtenu qu'un sursis de six mois. Le voilà au milieu des exclus. Leur ami, comme il l'était des prisonniers d'Évreux. Je lui ai dit, dès la nouvelle de sa mise à l'écart, ma sympathie et ma tristesse, d'autant plus qu'il est aussi attaché que moi à l'Église. Il n'y a pas dans son cas la moindre similitude avec Monseigneur Lefebvre, hérétique et schismatique, mais la volonté de porter de façon exigeante le message de l'Évangile.

Quant à l'éviction de Monseigneur Gaillot, nous ne devons ni exagérer ni minimiser l'événement. N'oublions pas de le relativiser : dans vingt ou cinquante ans, on n'en parlera pas comme de la première bombe atomique. Et Jacques Gaillot n'est pas la première victime. Sans remonter à Galilée et pour s'en tenir au XXe siècle, rappelons-nous les dernières années de Pie XII, ces théologiens, comme Lubac ou Congar, interdits d'enseignement et de recherche. Le 12 janvier 1995, pour autant, n'est pas qu'un incident. Et nous avons plus que jamais besoin de voix qui aient le courage de dire : « Ça ne va pas ! Vos assemblées ne manifestent pas assez de solidarité avec les plus démunis. » Mais il nous faut concilier l'explosif et être dans l'Église, dans une Église débarrassée d'un certain nombre d'habitudes.

Je me souviens d'avoir été invité à participer à la réunion annuelle du patronat chrétien, à Montréal.

Après avoir célébré l'Eucharastie, le Jeudi saint, nous nous retrouvons dans un somptueux palace pour un repas tout aussi somptueux. Je me souviens d'avoir clairement dit qu'un bol de soupe et trois tartines eussent été plus conformes aux objectifs de la journée. D'autant que, dans ce pays, un Premier ministre au pouvoir depuis vingt ans considérait les membres du clergé comme des grands électeurs. L'évêque qui m'avait invité m'a pourtant proposé de revenir l'année suivante, soulignant que mon coup de gueule avait été la plus dure épreuve de sa vie de pasteur.

On peut être un bon prêtre et un bon pratiquant et ne jamais avoir vu un bidonville ou un taudis ; on peut habiter cinquante ans à Paris sans savoir comment on peut y souffrir.

L'Église a beaucoup à faire sur ce point. Le pape lui-même peut se laisser manipuler, occasionnant dans ses déplacements des dépenses astronomiques. dix fois, cent fois plus qu'un chef d'État. Même si le pape s'épuise dans ses déplacements avec dévouement, ces signes extérieurs de richesse, ce gaspillage de fonds, ces salons, ces discours, ces tapis rouges, ces rencontres avec les notables peuvent aussi être compris comme autant de messages anti-évangéliques. Il y a des nonces de la diplomatie, cela suffit !

Malgré les erreurs, les incohérences, les scandales, de Borgia à Galilée et au-delà, nous devons, par notre liberté, être capable de répondre à l'amour par l'amour. L'Église, c'est cela : l'Esprit saint assurant la fidélité à la Révélation, et l'inévitable « gouvernement » incombant à des humains, imparfaits. Il faut parfois anticiper, préparer des évolutions inévitables… qui seront un jour la position de l'Église. Les manifestations en faveur de Jacques Gaillot constituent la preuve qu'il faut annoncer un Évangile de notre temps. Malgré les inondations et les tremblements de terre, nous conservons la foi. Nous sommes aimés. Malgré les coups et, minuscules moucherons, nous sommes libres.

Oui, il s'est trouvé à Rome face à un tribunal, d'autant plus indisposé que Jacques Gaillot n'avait pas répondu à la convocation comme un soldat immédiatement au garde-à-vous. « Excusez-moi, j'ai du boulot, je viendrai seulement dans huit jours. » Ce qui a fortement déplu. Peut-être la sanction lui rend-elle service. En tout cas, de sa part, pas une plainte, pas une parole d'aigreur, un visage toujours serein. Son attitude donne espérance aux croyants et aux non-croyants, à ceux qui ont faim de justice, à ceux qui se sont éloignés de l'Église parce qu'ils refusaient les caricatures de Dieu. À des millions d'hommes à travers le monde.

Quand des journalistes proposent de faire de lui, de mère Thérésa, de moi ou d'un autre un saint, je les envoie à tous ceux, même pauvres pécheurs – et Jacques Gaillot partagera sûrement mon point de vue –, qui font leur vie d'homme, le mieux possible, avec toute leur énergie. Je pense en particulier à tous ces petits vicaires et ces malheureux laïcs d'Amérique latine, de Rio de Janeiro à Port-au-Prince, qui sont des héros ou des saints et qui ne figureront jamais sur aucun calendrier.

INTRODUCTION

ÇA SUFFAT COMME CI

Après la manifestation, le concert place de la Bastille. « Contre la dette, l'apartheid et les colonies », ils sont là, ils sont tous là, ce 8 juillet 1989, ils sont plus de cent mille. Plus de cent mille : les révolutionnaires, les anarchistes, les communistes, les Canaques du FLNKS, les drapeaux palestiniens, les Kurdes, les Basques, les comités de soutien aux peuples tibétain, chinois, chilien, roumain, les portraits de Nelson Mandela, les Beurs, les mal-logés, les sans-papiers... « Pékins de tous les pays, unissez-vous ! » « Seigneurs du monde, saigneurs du monde », chante ou écrit la foule aux visages de toutes les couleurs, dans son hymne à la révolte et à la solidarité. Vétérans des luttes antirépression ou jeunes hérauts des droits de l'homme, ils crient, en ce bicentenaire, à leurs yeux fade et embourgeoisé, leur refus, leur écœurement... de ce gâchis planétaire du surarmement, de cet ordre reaganien qui perdure, où les pauvres s'appauvrissent quand les riches s'enrichissent.

Aux côtés des trotskistes, à deux pas d'une banderole « Le Tiers État aujourd'hui, c'est le tiers monde », la cinquantaine, un petit homme frêle au visage tranquille et déterminé. Pantalon gris et polo mauve, large calvitie et regard bleu azur derrière les lunettes à demi cerclées de fer, c'est l'évêque d'Évreux, Jacques Gaillot. Lui, responsable d'un diocèse de cinq cent mille âmes, dignitaire de cette Église de France fille aînée de l'Église universelle, marche, l'espace d'un après-midi, en tête de l'armée des sans-culottes de 1989. Cherchez l'évêque : il n'y en a pas d'autres dans la manifestation.

La veille, aux côtés du chanteur Renaud, de l'éternel étudiant révolutionnaire Alain Krivine et de l'écrivain Gilles Perrault, Monseigneur Gaillot participait à Paris à la conférence de presse du collectif « Ça suffat comme ci » : « Il ne suffit pas de commémorer la Révolution, il faut la continuer… Le faste, les célébrations du bicentenaire ne vont pas bien avec ceux qui sont laissés sur le côté de la route. » Et l'évêque d'Évreux d'ajouter : « Notre pays, c'est la planète. Il faut rendre la parole aux exclus. »

Monseigneur Gaillot joue, depuis 1982, un rôle qu'on n'attendrait pas d'un évêque. Monseigneur est à la manif, à la télé, avec les grévistes. Monseigneur voyage de préférence dans les pays du Sud. Monseigneur est rarement à la cathédrale, mais constamment dans les médias. Pour ne pas manquer la manif du 8 juillet, il a préféré décommander une messe. Que cherche donc l'évêque d'Évreux ?

1983 : procès de Michel Fache, un objecteur de conscience. Jacques Gaillot, qui vient d'arriver à Évreux, est présent dans la salle d'audience. La même année, il participe comme tous ses « confrères » à l'assemblée annuelle de Lourdes. On y vote un texte, *Gagner la paix,* en fait un ralliement de l'épiscopat à la force de dissuasion française. L'évêque d'Évreux fait partie du petit groupe des opposants. Et le dit.

La première année – son installation –, il avait peu parlé. Il met les bouchées doubles. 1984-1985, vous vous souvenez ? Un grand moment de l'interminable guerre scolaire. L'« évêque rouge », ainsi que le nomme la presse de droite, est en première ligne... face à tous les autres prélats et à la majorité des catholiques. Il refuse de participer au défilé de juin à Paris pour la liberté de l'enseignement, pour l'école catholique. Il s'abstient. Et le dit.

Il avance toujours seul. Seul comme évêque, mais entouré de compagnons inattendus : Georges Marchais, Lionel Jospin... Il dénonce dans un texte les atteintes aux libertés dans l'enseignement catholique. Les écoles religieuses liberticides ? Il signe une pétition. Et le dit.

1986 : dans sa solitude, le coureur de fond savoure cette étape de repos, celle que les laboureurs du tour de France cycliste attendent avec impatience et angoisse. L'évêque d'Évreux, à qui ses pairs cherchent des crosses, reprend son souffle. Sans espoir d'être de nouveau en odeur de sainteté. La brebis égarée va s'éloigner un peu plus du bercail.

1987 : un bon cru. On sort de l'Hexagone. C'est la cuvée étrangère Gaillot qui gagne en internationalisme l'année suivante. Il adhère à un comité de soutien créé par des communistes. Il s'agit d'obtenir la libération de Pierre-André Albertini, un jeune coopérant, emprisonné en Afrique du Sud et originaire du diocèse. Notre prélat fait plus : il se rend au pays de l'apartheid dont il dénonce les pratiques.

1988 : son militantisme voyageur le mène à Tunis, où il rencontre Arafat, puis à New York. L'ONU tient une session extraordinaire sur le désarmement. Il y participe. Fidèle à ses déclarations précédentes, il affirme sa solidarité avec les Palestiniens à la recherche d'un territoire : l'Intifada, la « révolte des pierres », est légitime. Pour mieux le montrer, il participe à l'opération avortée, le « bateau du retour », qui restera mouillé en Grèce. L'Église aurait préféré qu'il s'apitoie sur le sort du Liban. L'évêque d'Évreux trouve qu'il y a déjà foule dans ce créneau-là.

1988, c'est également le retour vers la famille. La famille de l'évêque d'Évreux, c'est aussi l'Église. De l'évangélisation au-delà des mers, nous voilà revenus à l'assemblée de l'épiscopat réunie comme d'habitude à Lourdes. L'ambiance manque de sel. De Lourdes, notre prélat n'attend pas de miracle. Après tout, si miracle on souhaite, il ne faut pas trop patienter. Mieux vaut créer l'événement soi-même. Il intervient donc et relance une vieille proposition enterrée depuis longtemps par l'Église et qui déplaît particulièrement au successeur de saint Pierre, son patron : et si on ordonnait des hommes mariés ? Et si, par la même occasion, on réintégrait les prêtres qui ont convolé en injustes noces ? Pour être plus sûr d'être entendu, l'évêque rompt le huis clos.

Pour mieux montrer que son siècle est bien le XXe finissant et que, à la veille du bicentenaire de la Révolution, les libertés n'ont jamais été aussi chéries et annoncées, il voit, au cinéma, dans une projection publique, le film qu'il était interdit de voir : *La Dernière Tentation du Christ.* L'œuvre de Scorsese n'ébranle pas sa foi. Sa foi en l'homme. Pas du tout. Il le dit. Que l'Église catholique associe sa réprobation aux gesticulations des intégristes musulmans dans l'affaire Rushdie l'étonne. L'attriste même. L'internationalisme, version religieuse, compris ainsi ne figure pas à son programme. Décidément, il préfère partager le couscous avec les Algériens musulmans dans la ZUP de La Madeleine – le quartier populaire d'Évreux – que de dialoguer avec les plus traditionalistes de son propre camp.

1988 est vraiment une bonne année pour l'évêque d'Évreux. Quand le sida crée dans la population un choc, presque une psychose, l'Église bafouille. Encourager l'usage des préservatifs ? Elle préfère encourager, prêcher l'usage de la fidélité... ou de l'abstinence. Sûr que, après trois sermons, l'épidémie sera terrassée ! L'évêque d'Évreux est plus réaliste : on n'abandonne pas des chrétiens – ou des non-croyants – en danger de mort. L'usage des préservatifs ne peut être condamné !

Un phénomène Gaillot apparaît : les sacristies bouillonnent, les bénitiers débordent, les crosses se lèvent. Lefebvre, tout schismatique qu'il soit, exaspère moins. Lefebvre, c'est tellement le passé, Vichy, la messe en latin, Le Pen, la lutte contre les métèques! Lefebvre, on sait ce que c'est, mais Gaillot? Les réactions affluent à Rome, à la nonciature à Paris, à l'évêché d'Évreux.

Les chrétiens crient-ils, réclament-ils la mise à l'index, une excommunication, un bûcher pour le mouton noir? Des chrétiens le souhaitent sûrement, avec *Le Meilleur* ou *Le Figaro*. Mais, comme l'écrivait une vieille dame à Monseigneur l'évêque d'Évreux : « J'ai été bonne toute ma vie au service des riches et des bourgeois, je les connais... Vous me donnez beaucoup de bonheur quand vous parlez, continuez... Et dites-vous bien que les silencieux de l'Église ne sont pas ceux qu'on croit. »

Les encouragements sont plus nombreux que les lettres d'injures. Bien sûr, on le traite de « traître » ou de « vendu au marxisme », mais combien de lettres soutiennent celui « qui a foi en l'homme », qui lutte contre les interdits, qui « ramène à l'Évangile » ? Si mouvement de fond il y a, c'est plutôt un plébiscite en faveur de Gaillot. La majorité des lettres reçues à Évreux se résument en un seul mot : continuez! Nous ne parlions que des chrétiens. Les autres se sont mis aussi à lui écrire. Pour eux, c'est la divine surprise, la révélation, la descente de l'Esprit saint : la gauche, bien sûr, mais combien aussi d'humanistes ou d'honnêtes gens font hommage à Monseigneur Gaillot! On comprend que, à la nonciature ou dans la sacristie de l'archevêché de Paris, on s'inquiète...

Comment expliquer, que faire de l'« effet Gaillot » ?

D'autant que les médias s'en mêlent, toujours prêts à amplifier l'événement. Interroge-t-on Lustiger sur la position de l'Église de France à propos de Pierre ou Paul qu'aussitôt on demande à Gaillot son avis. Et comme on comprend mieux ce qu'exprime le second que ce que pontifie le premier...

Pendant que ses adversaires dans l'Église s'interrogent sur l'autonomie d'un évêque (mais que prévoit donc le droit canon ?) ou que le nonce lui répète entre deux conseils : « Monseigneur, vous parlez trop, fermez un peu vos lèvres », l'évêque inattendu court de « Ciel mon mardi » à « Stars à la barre ». Il a gardé pour l'année 1989 quelques pétards bien secs. Jacques Gaillot est, il le dit lui-même, un impatient. Le feu d'artifice éclate dès janvier. 1989, l'année Gaillot ?

Il multiplie les interviews dans des périodiques rarement oubliés sur les prie-Dieu. À *Lui,* dans un long entretien, il déclare que le plaisir est naturel, qu'il préfère l'usage des préservatifs à celui des canons. Un raccourci qui rappellera aux soixante-huitards leur slogan de la guerre du Vietnam : « Faites l'amour, pas la guerre. » À *Gai Pied,* il réaffirme son soutien aux homosexuels victimes de discriminations.

Le Canard enchaîné, dans un article intitulé « *In excelsis* Gaillot », lui rend hommage : « Pour une fois qu'on n'a pas envie de bouffer du curé, on ne va pas s'autocensurer. S'il m'arrive de crier “À bas la tonsure !” c'est au ratichon que je m'en prends – au rat de bénitier prêt à mordre –, à la grenouille des ciboires où macère, parmi des fumets d'encens, le fiel de l'intolérance. Pas aux braves gens qui luttent à main nue, sans préjugés, contre la violence et l'injustice. Monseigneur Gaillot ne donne pas envie d'être épiscophage[1]. »

Quant à la suite de sa carrière, *Le Canard enchaîné* est déjà sans illusions (Jacques Gaillot n'en entretient pas d'excessives) : « Quelle pitié ! Pour eux. Désolé, monsieur l'évêque, d'ainsi vous encenser. Je crains de ne guère donner d'ailes à votre carrière. Il est vrai qu'un homme qui a, comme vous, le fil direct avec son bon Dieu est au-dessus de tout ça. »

1989 : l'histoire s'accélère. *Chrétiens média* l'invite à répondre directement aux questions – nombreuses – du public. Sur Minitel. Les responsables de l'épiscopat s'y opposent. L'évêque d'Évreux demande une audience à l'évêque de Rome : refus. Suffira-t-il de couper le micro pour enrayer l'effet Gaillot ?

Le cardinal Albert Decourtray, responsable des évêques français, rencontre Jacques Gaillot. De la rencontre sort un communiqué commun. Point final ? L'évêque d'Évreux a-t-il fait amende honorable ? La pause pour mieux rebondir ?

Il fallait parier sur la seconde hypothèse. A-t-on jamais arrêté les prophètes avec des communiqués ?

1991 : Il s'oppose violemment à la guerre du Golfe, une immense imposture qui maintient les monarchies pétrolières, garantit nos privilèges économiques, sans que la démocratie progresse d'un pouce.

---

1. *Le Canard enchaîné,* 1er février 1989.

Le 7 février, il est en Haïti pour apporter son soutien au nouvel élu, le père Aristide, prophète des bidonvilles, un miraculé qui a échappé aux « tontons macoutes ». Dans la cathédrale, il côtoie les prélats haïtiens, presque tous nommés par Duvalier et supporters de la plus obscurantiste des dictatures. Eux n'ont jamais été menacés de perdre leur diocèse ! Jacques Gaillot rayonne auprès du président : la « théologie de la libération » est en marche, dans le pays le plus pauvre des Amériques. Du moins le croit-il.

N'en déplaise à ses adversaires, le prélat voyageur fréquente aussi Évreux. Le synode s'achève : trois années de réflexion pour les chrétiens du diocèse. La démocratie interne accouche de conclusions qui ne vont pas toutes dans la direction proposée par le souverain pontife.

1992 : « Chantez aussi avec le chœur », lui intime le successeur de saint Pierre, lors de la visite *ad limina* des évêques de France. Jacques Gaillot n'y trouve guère l'occasion de défendre son point de vue. Il ne convertit pas Jean-Paul II. Qu'importe ! Ce qu'on ne veut pas entendre ici, même à voix basse, il en parlera ailleurs. Au gré des micros et des plumes qu'on lui propose. Et qui portent loin.

1994 : Entre ses visites assidues aux victimes du sida, aux prisonniers ou aux sans-domicile-fixe, il pousse son *Coup de gueule contre l'exclusion : l'année de tous les dangers*[2]. La cible est claire : Charles Pasqua, ministre français de l'Intérieur, la brutalité faite

2.. Éd. Ramsay, 1994.

loi contre les sans-papiers et autres réfugiés. Jacques Gaillot a ferré un gros poisson. Qui essaiera de laver l'affront.

Son dialogue avec les médias continue. Il engage le débat avec le théologien et psychanalyste allemand Eugen Drewermann, bête noire des autorités vaticanes. À propos d'un gros ouvrage au titre provocateur : *Les Fonctionnaires de Dieu*[3]. L'évêque sans frontières a-t-il cette fois franchi les frontières de l'inacceptable ? 1994 est aussi l'année du « complot ». Un premier ultimatum tombe, venu de Monseigneur Duval, le président de l'épiscopat français. Lourde de menaces, la missive du « patron » des prélats. Se débarrasser du mouton noir, ficeler définitivement le dossier d'accusation et d'exclusion ouvert des années auparavant... jusqu'au 12 janvier 1995.

1995 : Limogé ! S'achève la mission de l'évêque d'Évreux, commence celle du titulaire de Partenia. Une appellation que les Français, même s'ils n'aiment pas la géographie, apprendront-ils à connaître ? En tout cas, manifestations et sondages placent l'exclu aux sommets de la popularité.

Et tant que le monde est ce qu'il est, il reste à l'évêque iconoclaste beaucoup de choses à dire. Un avenir... Mais, foin des pronostics, nous ne cherchons ici qu'à répondre à la question : « Qu'est-ce qu'il fait, qu'est-ce qu'il dit, qui c'est celui-là ? » Comme dans la chanson.

---

3. Albin Michel, 1994.

PREMIÈRE PARTIE

Un homme dans le siècle

CHAPITRE 1

UN HOMME DE L'APPAREIL

Nous avons interrogé ceux qui le côtoient, ceux qui l'ont connu hier ou avant-hier. Entre le petit Jacques, le séminariste, le prêtre Jacques Gaillot, plus enseignant que curé, et l'évêque contestataire d'Évreux, la filiation est loin d'aller de soi. Du petit garçon choyé à l'« évêque rouge », comme le proclament certains graffitis, quel chemin !

Jacques Gaillot est né à Saint-Dizier le 11 septembre 1935. Quand il évoque, avec beaucoup de pudeur, sa prime enfance, une formule revient souvent : « Enfance heureuse, enfance protégée. » Son père était marchand de vin en gros. Arrivaient dans la petite entreprise familiale des fûts et des colis de partout. Nous avons pu le constater en dînant avec lui : le partage d'une bonne bouteille de Bordeaux lui fait plaisir.

Mme Gaillot tenait la maison qui ne manquait de rien. La sœur de Jacques, aînée des deux enfants, s'imposait comme la partenaire la plus habituelle. On jouait aux cartes, au ping-pong, au Monopoly. Le petit Jacques n'aimait pas perdre. Après une partie de billes avec ses copains d'école, la grande sœur devinait à son visage qui avait gagné. L'école primaire, c'était la classique école Jean-Macé que la IIIe République sema en Haute-Marne comme ailleurs.

Jacques est un élève studieux, en même temps qu'un enfant fragile, de santé délicate, discret, voire timide. Ses grands yeux bleus éclairent un visage plutôt pâlot. Sa vocation paraît se dessiner très tôt, vers cinq-six ans. « Jacques a eu la vocation dès le plus jeune âge. Il aimait s'habiller en prêtre et mimer la messe sur la table de la salle à manger », raconte sa mère. La famille Gaillot appartient à la petite bourgeoisie aisée. L'ordre établi et la religion n'y font qu'un. On est chrétien et catholique, sans se poser de problème.

Cela va de soi. Les parents sont croyants, bien-pensants, mais point bigots, même si Mme Gaillot fréquente très régulièrement l'église et rend quelques menus services.

L'enfance de Jacques baigne donc dans le conformisme bourgeois. Si la religion est très présente, point de mysticisme ! Personne en tout cas pour le pousser délibérément vers la prêtrise. Personne non plus pour l'en dissuader.

Il y avait à Saint-Dizier un petit couvent de contemplatives. Pas plus de trois cents mètres entre le monastère et la demeure familiale des Gaillot. À six ans, Jacques, enfant de chœur, fait tous les matins à sept heures, avant d'aller à l'école, le chemin pour aller servir la messe dans la chapelle. L'ambiance recueillie, les fleurs et les cierges l'émeuvent. Nul ennui dans cet exercice mille fois répété. Au contraire. Il y trouve un plaisir serein, une attraction pour la liturgie. La beauté des chants le trouble, le décorum, la solennité l'impressionnent.

« J'ai eu, nous dit-il, le sentiment d'être aimé de Dieu. Très jeune j'ai senti cette présence de Dieu. C'est vrai que ma vocation remonte à l'enfance. Je n'ai pas ensuite envisagé autre chose que de devenir prêtre. » Dès six ans, tout est dit, Jacques se voit prêtre, comme d'autres s'imaginent pilote d'avion ou gendarme. Mais lui a le sentiment de connaître et d'aimer les lieux où s'exerce son futur métier. Dans ses souvenirs d'enfance, cet univers liturgique tient plus de place que les triangles dessinés pour les parties de billes.

Le catéchisme comme la communion solennelle renforcent en lui ce sentiment de la présence de Dieu. Il serait peut-être entré au petit séminaire de Langres. Mais cent kilomètres, c'est bien loin dans une famille où l'on ne se sépare jamais, où la vie familiale imprime son rythme à la vie quotidienne, où l'on reste chez soi. Puisqu'il y a à Saint-Dizier un collège de salésiens, cela fera parfaitement l'affaire. Jacques, dont la santé est plutôt fragile et la croissance difficile, continuera à ne manquer de rien. Il passera son baccalauréat, quelques années plus tard, en 1954.

Il est plus porté vers les sciences exactes que vers ces sciences qu'on n'appelle pas encore humaines et qu'il affectionnera plus tard. Le collégien Gaillot est le type même de l'élève sérieux, dont on cherche vainement ce qu'on pourrait lui reprocher. La presse parlera plus tard des frasques de l'évêque d'Évreux, on ne trouve pas le moindre écart de conduite chez cet adolescent-là. Rien qui s'apparente à une « conduite de collégien » ! L'adolescent aime les fleurs, les promenades dans la nature et les joies simples d'une vie familiale sans relief.

La guerre, l'après-guerre... La famille Gaillot ne souffre pas de pénurie. Le cercle de famille reste aussi protecteur et aussi peu ouvert sur l'extérieur. Une famille qui pense bien : travail, famille... D'ailleurs, le père Gaillot est pétainiste et Jacques se souvient de discussions animées avec ses oncles. De toute façon, ce type de débat ne l'intéresse pas. Il ne se souvient pas d'avoir lu à cette époque un journal ni de s'être posé la moindre question sociale. Certes, sa famille ne l'y prédisposait pas. Les loisirs et les sorties non plus. Les Gaillot ne se quittaient guère. Le vélo que lui a offert son père ne lui fait rencontrer ni les exclus ni les damnés de la terre. Rien de ce qui préoccupe l'évêque d'Évreux n'existait...

« Quand je pense à mes parents si bien-pensants, j'éprouve un étrange sentiment. Je me demande parfois qui je suis. Ma mère d'ailleurs me pose parfois la question aujourd'hui. » Fière d'avoir un fils évêque, elle l'est moins qu'on parle tant de lui. Elle s'inquiète aujourd'hui d'une turbulence aussi imprévisible. Prélat, elle n'imaginait pas cela ainsi, vraiment pas !

Au long des années de collège, la vocation ne faiblit pas. Son curé d'alors l'avait remarqué en lui lâchant un jour : « Si vraiment, toi, tu ne rentres pas au séminaire, personne n'y rentrera. »

C'est un adolescent timide et hésitant, mais sûr de sa destinée, qui entre donc au grand séminaire de Langres en 1954. Première impression : il a définitivement abandonné le cocon familial pour un univers strict et sévère. L'ambiance est très rigoureuse. Le régime lui paraît même inutilement contraignant : l'individu y est totalement soumis, sa capacité d'initiative nulle. Même si...

« C'était la découverte aussi de la vie en communauté avec des gens différents. J'ai rencontré la Bible au séminaire. Merveilleuse découverte ! Les sacrements aussi ! Une étape importante, c'était le premier choc d'ouverture[1]. »

Rencontre de la Bible, certes, mais aussi d'un univers inattendu. De la maisonnée douillette à l'internat quasi carcéral, un point commun : la fermeture sur l'extérieur. Jacques est passé d'un univers clos et désuet à un autre. Comme si le monde n'était qu'un agglomérat de cellules étanches et sans lien. Il ne le ressent pas ainsi. Il accepte bien ce monde à part, cette Église hors du siècle. Être prêtre c'est être autrement, vivre séparé des autres. Aucune information ne traverse les murs de l'établissement. Le monde extérieur existe-t-il ? Le séminaire forme des hommes qui ne ressemblent pas, qui ne doivent pas ressembler aux

1. *Il est une foi,* avril 1989.

autres. Notre bachelier ne s'en émeut pas. C'est beaucoup plus tard qu'il regrettera cette formation où l'on apprend si bien à prier... en ignorant le monde d'où montent ces prières.

La société, pourtant, existe. Avec une extrême brutalité en cette fin des années cinquante. Notre séminariste est invité sans ménagement à abandonner la méditation pour la forme la plus barbare de la vie en société : la guerre. L'Algérie, ce sera à vingt-deux ans une autre rupture !

Brutalement transplanté au milieu d'élèves officiers, même avec une bible en poche, l'apprentissage du bien-parler et la connaissance de l'histoire de l'Église, il souffre mais ne perd pas pied. Décidément, chaque fois qu'on passe d'un monde à l'autre, dans l'impréparation la plus complète, tout est nouveau : l'entraînement et les marches de nuit, les discours sur l'Algérie française en butte au communisme international.

Faire de ces hommes des soldats, des entraîneurs d'hommes... Soldat, cet homme à l'allure d'un gamin qui n'a pas fini de grandir, malingre et si peu sportif? Entraîneur d'hommes, ce séminariste à la voix douce et faible qui aime le silence des églises, la monotonie des sacrements ? On imaginerait plutôt des larges d'épaules, des costauds, des ténors du sermon comme Lustiger ou Decourtray !

Mais Gaillot... Gaillot se voit très mal diriger une unité opérationnelle dans les Aurès. Heureusement il y a des officiers « administratifs », ceux qui sont chargés de pallier le sous-développement économique et social de l'Algérie. Il profite de cette possibilité et se retrouve à l'est, dans la région de Sétif. Maoklane est aussi déshéritée que n'importe laquelle de ces « sections administratives spécialisées ». Le voilà lieutenant français et séminariste chrétien au milieu d'une population arabe et musulmane ! Le voilà surtout responsable dans un monde aux antagonismes trop réels, lui que toute sa formation a préparé à autre chose.

Résoudre des problèmes techniques ou administratifs, répartir les moyens matériels, on finit avec de l'aide par y arriver ; mais faire face à d'horribles dilemmes moraux... Les routes, les fontaines, les écoles, oui, mais la « pacification » ? « Progressivement j'ai compris que l'Algérie française était impossible. Les familles étaient tiraillées entre leur obéissance à l'armée et leur soutien au maquis. Toutes avaient des fellagha dans leur famille. Toute l'assistance que nous essayions d'apporter ne changeait rien à leur désarroi... »

Le sous-lieutenant Gaillot n'a pas rencontré directement la torture qui rôdait pourtant alentour, moins visible que les vexations et les sévices infligés à la population récalcitrante du douar. Climat insupportable, questions sans solution. Des milliers d'autres ont subi le même choc. Les réponses viendront plus tard. Le lieutenant Gaillot accuse la guerre, pense à l'Évangile qui interdit de tuer, mais s'empêtre dans la contradiction obéissance-dignité-violence. L'évêque Gaillot, lecteur de Gandhi et de Martin Luther King, choisira la non-violence, dût-il contrarier les convictions des siens.

Mais l'Algérie, c'est aussi pour le lieutenant Gaillot la découverte. Découverte d'un autre monde, d'une autre culture. Découverte de populations qui ont le sens de Dieu, de la prière, de la fraternité. Découverte... un trait de caractère essentiel. Notre homme est curieux des autres, curieux de tout. Avec douceur, avec naïveté, il aime interroger, comprendre, écouter. Voyager aussi. Évêque, il reviendra en Algérie, après avoir sillonné l'Europe, visité aussi l'Afrique noire, le Brésil...

En 1959, l'Algérie, pour lui, c'est fini. Sa vocation, dit-il, n'a pas fléchi. Peut-être le sentiment du décalage entre formation et réalité apparaît-il alors. L'évêque d'Évreux y voit une rupture essentielle dans la conception de sa mission. Le séminariste y discerna-t-il une telle incohérence ?

Une occasion toute différente le « provoque à l'ouverture ». Il part pour la Grégorienne, l'université jésuite de Rome : un lieu exceptionnel de rencontres, la découverte que l'Église n'est pas une. L'Italie l'enchante, la Rome de Jean XXIII le passionne. L'ouverture sur le monde, avec le concile Vatican II, est à l'ordre du jour. Ordonné prêtre à Langres en 1961, Jacques Gaillot retourne dans la Ville éternelle achever ses études. Nul doute que le concile marque le jeune prêtre. Cette parole qui circule, cette Église souvent figée qui se remet en mouvement, cette volonté d'aller à la rencontre de la société correspondent à ses vœux. Il adhère sans arrière-pensée.

1962 : première affectation. Ou plutôt premières affectations. Le travail est triple : en paroisse à Saint-Dizier, professeur au grand séminaire de Châlons puis de Reims, chargé enfin de la formation permanente de ses collègues, étudiants à l'institut de liturgie de Paris.

En fait, l'étudiant se fait professeur. La guerre d'Algérie a été un intermède imprévisible, la carrière qui se dessine est avant tout celle d'un enseignant. Du pédagogue, Jacques Gaillot a toutes les qualités : il aime expliquer, répéter, convaincre.

Professeur de théologie ou formateur du clergé en place, il est chargé de répercuter l'événement que constitue le concile. Pour un jeune prêtre convaincu, quoi de plus aisé ?

Il explique Vatican II, tout Vatican II, sans enthousiasme excessif et sans restriction. Personne ne note alors chez le professeur Gaillot quelque parole discordante, quelque manquement à la doctrine nouvelle de l'Église. Pas d'opinion vraiment personnelle, pas de digression hasardeuse, pas de proposition hétérodoxe. En tout cas, pas de débordement. Personne ne le remarque ou personne ne s'en souvient. On le sait meurtri par la guerre d'Algérie. Comme enseignant, c'est un classique, un professeur sérieux, attentif à ses élèves, réservé, un peu secret peut-être.

De professeur, le voilà directeur du séminaire de Reims, puis vicaire général – un directeur de cabinet – de l'évêque de Langres. Un parcours apparemment sans faute dans l'appareil de l'Église le mène à quarante-sept ans à l'évêché d'Évreux. Vingt ans de bons et loyaux services dans l'armée du Christ et Jacques Gaillot est général : un parcours plutôt rapide et sans bavure. Son patron appréciait son sens de l'accueil, son désir de bien faire, sa compétence. Sa culture aussi. Il est ainsi recommandé à la nonciature : il fera, pronostique ses supérieurs, un bon évêque. Qui en douterait ?

Quelques expériences émaillent pourtant cet itinéraire banal. Jacques Gaillot effectue quelques courts séjours dans des paroisses ouvrières, visite des bidonvilles, s'établit un moment avec d'autres prêtres au milieu d'une ZUP. Mais il ne partage pas durablement cette vie ordinaire, même s'il paraît plus attiré par le monde ouvrier que par la petite bourgeoisie dont il est issu.

Mai 68 lui donne l'occasion de jauger la contestation qui, tel un violent feu de paille, embrase le séminaire. Il tisse quelques relations avec des prêtres ouvriers du diocèse… Ses contacts avec le peuple de Dieu, ou le peuple tout court, restent épisodiques. On lui reprochera cette froideur, cette timidité-là. Le hasard des nominations – sont-elles si hasardeuses que cela ? – rend ce contact difficile.

À le voir, on imagine plus un homme de dossiers que de terrain. Son visage anguleux au profil d'oiseau que le nez tire vers l'avant, ses lunettes, son air rêveur, son allure sérieuse l'apparentent plus à un chercheur, à un homme de l'intérieur. Sa modeste stature, ses yeux trop doux et sa voix sans force paraissent le priver de charisme. Le léger accent champenois n'en fait pas un homme du peuple ou du terroir, même s'il est resté fidèle à sa région natale. Rien à voir avec le timbre rocailleux du cardinal Marty, qui l'intronisera dans la cathédrale d'Évreux.

Son quotidien reste celui d'un professeur, d'un administrateur, d'un homme de discours, de réunions et de bureaux épiscopaux. Un vulgarisateur de Vatican II aussi, même dix ans après, tant les résistances ralentissent l'application du concile. Ainsi rencontre-t-il pour la première fois, dans une commission épiscopale « clergé-séminaire », Monseigneur Riobé, évêque d'Orléans et figure de proue de l'Église postconciliaire.

Le nouvel évêque de Langres est un réformiste. En nommant Jacques Gaillot son vicaire général, Monseigneur Dalloz choisit un homme de son camp, un prêtre qui a fait son chemin et sa réputation dans la défense et l'explicitation du cours nouveau, mais un prêtre conventionnel, qui respecte les formes et les normes. Aurait-on chargé de la formation des séminaristes et des prêtres, puis de l'administration d'un diocèse un homme qui apparût incontrôlable ou même incertain ? « Un classique, un spécialiste de la formation des prêtres, plutôt un homme de l'intérieur... Un homme parfois renfermé, mais ouvert », nous confiait un spécialiste du calembour. Renfermé ? Non, Jacques Gaillot est généralement accueillant ; le sourire facile, il en use souvent. On le sent plutôt insaisissable, amateur de travail bien fait, personnel dans sa façon de penser, solitaire dans son travail.

Le vicaire général vit à l'ombre de l'évêque, mais ses collaborateurs le sentent assez secret, partageant peu ses états d'âme et ses projets. Toujours féru de formation, il ouvre à Langres une « école de ministères », la première de ce type. Le but : donner plus de responsabilités aux laïcs, les initier à certaines tâches pastorales. Un industriel d'Évreux, qui ne porte pas précisément le nouvel évêque dans son cœur, nous disait : « Je ne savais rien de Monseigneur Gaillot. Rien d'autre que la capacité à susciter des diacres qu'il avait manifestée dans son ministère précédent. » Le diaconat ? Ce que l'Église peut concéder, dans le meilleur des cas, à un laïc. « Lorsqu'il est arrivé à Évreux, personne ne soupçonnait... »

Cette nomination d'évêque, c'est la surprise. Pas pour les ébroïciens qui n'ont plus d'évêque depuis un an, ni pour ses proches qui le voient franchir les étapes du cursus ecclésiastique. Mais pour Jacques Gaillot. Il l'apprend par lettre... de la nonciature. Il croit d'abord à une farce, mais le cachet de l'expéditeur fait foi ! « Quitter la région qu'on connaît pour venir s'enraciner dans l'histoire d'un peuple qu'on ne connaît pas, c'est rude. En arrivant à Évreux, je ne connaissais pas même le nom d'un village ! Je me sentais très petit... »

Le nouvel évêque n'a pas de réputation. En tout cas, pas celle d'être un original. Dans le clergé, on connaît de lui cette première école des chrétiens en coresponsabilité. Pas de quoi soupçonner... La hiérarchie a choisi comme à l'accoutumée un homme de l'appareil. Le nonce Felici préside à la sélection. C'est lui le chef du cabinet de recrutement. Pétillant et machiavélique, ne confiait-il pas, avec son turbulent accent italien, quelque temps avant la nomination de Jacques Gaillot : « Avant, il nous est arrivé de nommer des *ourlouberlous* ; mais maintenant c'est terminé les *ourlouberlous.* » S'il avait pu imaginer la conversion d'un évêque... Qu'il se console, personne, ou presque, n'avait soupçonné...

Le vicaire général de Langres devient évêque d'Évreux le 18 juin 1982. La cathédrale est pleine. Des Normands, des Champenois, des prêtres, des laïcs. Que les ébroïciens en profitent, ils ne verront pas souvent leur évêque en ce lieu ! La cérémonie, classique, ne laisse rien au hasard. Le nouvel élu est en aube et chasuble. Il reçoit les attributs de la fonction : l'anneau, la mitre et la crosse, symboles du pouvoir épiscopal. La cathédrale résonne de chants et de discours.

À écouter plus attentivement les discours, avec le facile recul du temps, on discerne des signes avant-coureurs. Des spectateurs se souviennent du cri d'un diacre de Langres ainsi résumé : » Chrétiens d'Évreux, si vous pensiez vivre votre vie tranquille et douillette, avec le père Gaillot, c'est fini. » Quant au cardinal Marty, archevêque de Reims où Jacques Gaillot enseignait, il lui lançait : « Soyez bien attentif aux *appels inattendus,* de Dieu et de l'homme, et ayez un cœur très audacieux pour répondre *aux hommes et aux femmes de ce temps,* particulièrement de ceux qui sont éprouvés... Abordez tous les tournants avec sûreté, *avec* audace[2]... »

L'audace dépassera-t-elle les espérances de Monseigneur Marty ? Les « appels inattendus », qui ne manqueront pas, l'étonneront-ils ? Pas sûr. L'ancien archevêque de Reims ne confia-t-il pas, en aparté, le jour même de l'intronisation : « Il va vous surprendre... »

Le nouvel évêque a-t-il un programme, une stratégie, en prenant possession de *son* diocèse ? Pas vraiment, répond-il quelques années après. « Je crois qu'on porte toujours en soi quelques projets, quelques idées. Pour moi, ces idées viennent du concile : aller

2. Souligné par l'auteur.

toujours à la rencontre des hommes, car on a besoin d'eux pour l'Évangile ; et donner la priorité à ceux qui sont dans un état d'exclusion, car il faut valoriser le peuple de Dieu et créer des communautés. Cela aussi, c'est une donnée conciliaire[3]. »

Un homme d'appareil succède à un homme d'appareil. Apporterait-il, comparé à son prédécesseur, un sang nouveau ? Le précédent, Monseigneur Honoré, était empirique, manœuvrier, au mieux avec la bourgeoisie locale, mais méprisant pour son clergé. Avec les premiers il jouait au bridge en buvant du Chivas ; avec les autres, il tapait la belote, en attendant d'être promu à un évêché moins crotté, ce qu'il obtint. Au moins, l'itinéraire de Jacques Gaillot plaidait-il pour une plus grande sollicitude, fût-ce par le biais de la formation, pour le clergé local. Quant aux chrétiens du diocèse, qui aurait pu émettre le moindre pronostic ? Comment les autres, la majorité, les non-chrétiens, auraient-ils pu imaginer qu'ils allaient, eux aussi, avoir leur évêque ?

---

3. *Il est une foi,* avril 1989.

Chapitre 2

LE SABRE ET LE GOUPILLON

Voilà seulement trois semaines que Jacques Gaillot a pris possession de la très bourgeoise résidence des évêques d'Évreux, à quelques dizaines de pas de la cathédrale. Salon spacieux aux sobres bergères et vaste parc aux essences multiples qu'il n'entretiendra guère – il se soucie peu du décor légué par ses prédécesseurs. Ce jour-là, il reçoit les animateurs du Mouvement d'action non violente (MAN) du Roumois. Ils sont trois. Ce sont eux qui ont demandé à voir le nouvel évêque.

Le MAN, animé depuis longtemps par Jean-Marie Muller, milite pour une contestation non violente mais radicale de la société. En son sein, nombre d'objecteurs de conscience d'hier et d'aujourd'hui. « Tu ne tueras point... Tu n'apprendras pas à tuer » : des propositions auxquelles le nouvel évêque est particulièrement sensible. La détermination sans la violence, le refus du militarisme. Jacques Gaillot écoute longuement ses interlocuteurs, il ne connaît ni le MAN ni le groupe du Roumois, influent dans la région. Mais il s'interroge depuis la guerre d'Algérie sur la guerre, la violence. Ils lui parlent de l'Évangile... et de l'imminence d'une résolution de l'Église de France sur la paix. Ou plutôt d'un acquiescement de l'épiscopat à la force française de dissuasion. Ils se reverront. Ce sont des rencontres de ce type qui marquent Jacques Gaillot. La conviction, le refus d'un ordre des choses, prétendu immuable, déclenchent chez lui un déclic. Tout de suite ou plus tard.

La fonction d'évêque implique grand nombre de rencontres de ce type. On pourrait les imaginer ou les construire formelles ou insipides. Quel qu'en soit le sujet, Jacques Gaillot ne cherche pas à les éviter. Au contraire. De plus en plus, il les suscitera, encourageant des interlocuteurs nouveaux. Il aime écouter, il sait écouter ceux qui défendent avec enthousiasme ce qu'ils pensent, ce qu'ils font. Convainquent-ils l'évêque ? La réponse ne viendra que plus tard. Au hasard d'une homélie ou d'une interview, ils pourront reconnaître leur argumentation, se sentir entendus. Ces hommes et ces femmes, qui appartiennent plus à l'armée des militants associatifs qu'aux grands de ce monde, contribuent pour une grande part à la formation du nouvel évêque. La révolution culturelle proposée à l'Église par l'évêque d'Évreux résulte d'un mélange classique : elle se nourrit sans doute de convictions anciennes et inexprimées, mais plus encore d'apports militants divers et nouveaux.

Quelques mois après, en octobre 1983, la conférence épiscopale vote effectivement un texte : *Gagner la paix*. Gagner la paix, c'est pour l'Église accepter la division en blocs, prendre son parti de la course aux armements et, plus clairement encore, légitimer la force de frappe française. Rome souhaitait un texte dans ce sens, qui s'alignât sur les prises de position des Églises européennes. La décision s'est préparée en catimini, à la hâte, comme s'il y avait urgence. Jacques Gaillot, avec quelques autres, a voté contre : « C'est une occasion ratée au plan de l'histoire. Doublement. Parce que toutes les communautés, tous les groupes qui réfléchissent au sujet ont été ignorés. Parce que, au lieu de la facilité, nous pouvions crier "arrêtez" ! »

Le 11 novembre 1983 paraît dans *Le Monde* un article intitulé « Pourquoi j'ai voté contre », signé de Jacques Gaillot, évêque d'Évreux. On savait que quelques récalcitrants n'avaient pas voté le texte. Jacques Gaillot franchit un nouveau pas : il était contre et il le dit, bousculant la vieille habitude ecclésiastique du secret, commune à tous les appareils. Il a deux fois tort : tort d'être minoritaire, tort de le dire.

Intervient alors un phénomène nouveau pour Jacques Gaillot; sa position publique, qu'il le veuille ou non, fait de lui un porte-parole. Le courrier afflue, des centaines de lettres, de résolutions, de coupures de journaux. Elles débordent le cadre géographique du diocèse, s'écartent du sujet, embrassent des domaines plus vastes. La parole libérée n'épargne rien. Le courrier de Jacques Gaillot est analysé par Michel Pinchon dans les *Cahiers du libre avenir*[1].

1. *Cahiers du libre avenir*, septembre 1985.

Les adversaires de Jacques Gaillot sont rares. Nostalgiques de l'alliance du sabre et du goupillon, ils sentent leur patriotisme bafoué : « Vous ne respectez pas nos morts, ni notre passé glorieux » ; « La patrie et Dieu sont une même cause » ; « Et que faites-vous de Saint Louis et de sainte Jeanne d'Arc ? »

Le message glisse très vite à la préservation de l'ordre moral, à la défense de l'Occident contre le Sud et plus encore l'Est et le marxisme : « Vous faites le jeu de Moscou, de son pacifisme, et vous préparez ainsi la disparition de l'Église » ; « Amnesty International est une vache sacrée fondée par un terroriste au service de la révolution soviétique. »

« Intellectualisme décadent », « intelligence pervertie », « il n'y a plus de valeurs », « vous videz les églises ». Ceux qui écrivent en profitent pour dénoncer toutes les déviations de l'Église. La remarque vaut également pour ceux – dix fois plus nombreux – qui dénoncent la pusillanimité du clergé. « Merci d'être un homme libre », « merci d'avoir osé » : beaucoup de lettres courtes, autant de signes d'amitié et de soutien.

Et surtout, ces lettres qui transforment la vocation de Jacques Gaillot, qui vont donner à sa parole une portée nationale : « Vous êtes notre évêque même si nous ne sommes pas de votre diocèse » ; « Merci d'avoir répercuté la voix d'un peuple nouveau, non violent et sans frontières ». Même des athées le félicitent : « L'Église vous pardonnera-t-elle ? »

Au long des deux mille pages du courrier s'égrène la protestation contre ce ralliement à la force de frappe, se répand la charge contre une Église secrète, bureaucratique et timorée. Autant qu'un soutien à

Jacques Gaillot, c'est une dénonciation de ses collègues – dichotomie qui pèsera lourd dans le cheminement de l'évêque d'Évreux. Beaucoup de questions : « Les évêques savent-ils ce qu'est la responsabilité ? La concertation ? » « Toujours le régime du secret ! »

« Tous ces correspondants sont conscients – la documentation jointe aux lettres le prouve – qu'un grand travail de recherche existe depuis longtemps au sein des mouvements et de petits groupes sans appartenance. "Pourquoi a-t-on fait l'économie de toute la recherche des croyants ? Pourquoi aucune référence à la réflexion habituelle de ceux qui participent à des mouvements ?" "Nous avons l'impression d'être joués, d'être traités en mineurs, devant une manifestation d'autorité : dans l'Église de France, le pouvoir ne se partage pas." "Il faut un travail énorme pour commencer à comprendre ces questions complexes avant de porter un jugement moral. Des groupes se sont assigné cette tâche. Pourquoi les avoir traités en mineurs[2] ? »

De nombreuses allusions à ceux qui ont reçu, dans l'Église, mission de s'occuper de ces questions, et qui n'ont pas été consultés : « Vous nous invitez à la réflexion et au partage, mais il est trop tard. C'était avant qu'il fallait nous adresser cette invitation et qu'elle soit sincère, réelle. »

Les lecteurs dénoncent « la casuistique qui distingue entre la menace et l'emploi » et rappellent les titres de la grande presse : « D'accord pour la bombe », « Les évêques pour le nucléaire », « Contre la non-vio-

2. *Idem*, juin 1985.

lence évangélique »... Évêques « prudents », « las », « fatalistes », qui confondent leur parole avec celle des hommes politiques et refusent de s'interroger sur la non-violence qui, Gandhi l'a montré, ne se confond pas avec la « non-résistance à l'oppression ».

Jacques Gaillot, on le sait déjà, interviendra dans bien des secteurs. Il ne considère pas pour autant qu'il doive formuler un programme alternatif. Il se borne à alerter, à interpeller, à questionner. Concernant la défense nationale, il va plus loin. Lors d'une réunion du Codene[3], il propose :

– gel des armements nucléaires, arrêt de la fabrication et du déploiement de nouveaux systèmes d'armes nucléaires ;

– coupes substantielles dans les budgets d'armement au profit du développement des pays les plus pauvres ;

– instauration de zones dépourvues d'armements nucléaires ;

– création de centres d'études chargés d'élaborer d'autres systèmes de défense : défense civile, moyens de défense non violente...

Une vraie plate-forme antimilitariste, bien proche des propositions du MAN ou des militants alternatifs et écologistes ! La paix tient vraiment à cœur à l'évêque d'Évreux pour qu'il aille aussi loin... Il affirme aussitôt : « Non, l'Église n'a pas à proposer un programme pour changer la société. » Mais il ne lui paraît pas possible qu'on taise la place de la France

---

3. Codene : Comité pour le désarmement nucléaire en Europe.

dans le commerce des armes. Ni que l'Église défende le vieux précepte guerrier : « *Si vis pacem para bellum.* » Encore moins qu'elle cherche à plaire à une institution ou qu'elle se compromette avec l'État. Ce rôle-là, l'Église se doit de l'abandonner ! Jacques Gaillot n'a pas fini de dénoncer les Saintes Alliances : l'Église doit garder les mains libres, nul compromis, nul traité tacite ne doivent entraver son discours. L'authenticité retrouvée est, pour lui, à ce prix. En rompant le silence, l'évêque d'Évreux déclenche un vaste débat dont les frontières reculent. Lui-même s'étonne alors que le feu de la contestation allumé s'étende à ce point.

Six ans plus tard, en 1989, les prémices de désarmement pourraient le faire triompher. Il préfère répéter dans *Lui*[4] : « Il faut avoir la sagesse de prendre un autre chemin afin d'éviter que l'humanité devienne une véritable poudrière. L'Église doit lancer un cri. Si elle doit dire quelque chose, c'est dans ce sens-là, sinon il vaut mieux ne rien dire du tout. » Ne rien dire… En fait, quelques mois avant la fameuse conférence de 1983, Jacques Gaillot s'était déjà fait remarquer. Il est des mutismes qui font parfois scandale…

Le tribunal d'Évreux jugeait Michel Fache, objecteur de conscience. À l'époque on expédiait la majorité des objecteurs à l'Office national des forêts. Michel Fache refuse ce type de proposition. Il veut participer à la défense du pays, mais à la défense civile. Un type d'affectation qui n'existe pas… mais

---

4. *Lui,* janvier 1989.

qui justement interpelle sur cette carence. Le procès, à épisodes, durera six ans ! Dans un premier temps, le jeune vétérinaire, fils de militaire, est lourdement condamné : il écope de dix-huit mois de prison sans sursis.

Le Canard enchaîné traduit à sa manière l'attitude du prélat : « Ce *quidam* mal en cour de Rome commence donc par un aveu : un jour, il est allé témoigner au procès d'un objecteur de conscience. Il lui semblait ne pas pouvoir demeurer indifférent aux appels d'un être humain qui refusait de tuer ses semblables. Cela suffit, paraît-il, pour qu'on lui cherche des crosses : son initiative sentait le soufre. Il ne serait plus jamais en odeur de sainteté[5]. » Jamais...

L'évêque est dans la salle, à la demande du prévenu, venu le trouver avant de passer en jugement. Il ne déposera pas. Mais immédiatement le geste est compris comme un soutien : que diable l'évêque va-t-il faire dans cette galère ? En quelques heures, Jacques Gaillot s'est mis à dos la bourgeoisie locale, la magistrature et l'armée. Et Évreux est ville de garnison ! Comme s'il venait de détruire l'image d'ordre, la sagesse raisonnable (ou rassise) qui sied à un prélat ! Il voulait montrer qu'il se sentait concerné, interpellé, on lui renvoie l'image d'un traître : celui qui rompt avec les alliances traditionnelles et le pouvoir établi, celui qui apporte secours et protection à des destinataires imprévus. Image altérée, inattendue, déroutante... La tradition n'a pas fini de souffrir...

---

5. *Le Canard enchaîné*, 1er février 1989.

CHAPITRE 3

HAUTE TRAHISON

Toute informelle qu'elle soit, la réunion rassemble à Paris, en 1985, des théologiens, des philosophes, des historiens. Et même un professeur au Collège de France. Bref, des intellectuels. Tous chrétiens. Leur but ? Une réflexion commune sur la dérive autoritaire, disons droitière de l'Église. Ils ne sont surtout pas des gauchistes, des marginaux. Le groupe de travail se réunit pour la première fois. Parmi eux, Jacques Gaillot, qui pourrait puiser là des matériaux nécessaires à ses prises de position.

La discussion est déjà bien avancée quand l'évêque d'Évreux annonce tout de go : « Je viens de signer à côté de Jospin et Marchais la pétition du Snuden[1] pour la garantie des libertés dans les écoles

1. Snuden : Syndicat national pour l'unification du service public d'éducation et la défense des personnels de l'enseignement privé.

confessionnelles et je vais m'en expliquer dans *Le Monde.* » Quelques-uns sont dans la confidence, d'autres pas. Mais Jacques Gaillot n'a apparemment consulté personne. Le professeur au Collège de France n'est pas le seul à pâlir, à s'inquiéter. Non pas sur le fond. Chacun s'inquiète d'une certaine résurgence du cléricalisme. Mais la date est-elle opportune, les conséquences mesurées ? Fallait-il frapper si fort ? Le nom d'un évêque au bas d'un texte du camp laïc a l'air d'une provocation. Ainsi va parfois l'évêque d'Évreux : je prends position contre ce qui me paraît intolérable, éventuellement j'en discute ensuite ; tertio, j'en assume les conséquences.

Le prélat est un récidiviste. Quelques mois plus tôt, dans *Le Monde,* il se désolidarisait de la manifestation nationale des partisans de l'enseignement catholique. Il n'irait pas, il n'appellerait pas à y participer. Pour les animateurs de l'Unapel (les parents d'élèves de l'enseignement catholique), c'est l'étonnement, l'affront ! Au moment où chacun s'active, où les badges et les autocollants fleurissent, où on collecte – sans trop de difficultés – les fonds nécessaires, l'ancien professeur de séminaire déserte.

Comme chrétien, il n'est pas tout à fait seul ; quelques voix s'élèvent qui le rejettent dans la gauche, voire dans l'extrême gauche chrétienne. Comme évêque, il doit assumer une solitude totale, un risque de mise en quarantaine. Son nom est sifflé dans des assemblées de militants, dans des rassemblements locaux de parents de l'enseignement privé. À la sortie de la messe dominicale, dans une paroisse du Vexin, il retrouve sa voiture maculée d'affiches.

On imaginerait mal, quelques années après, la marginalité dans laquelle il s'installe, sans mesurer le contexte d'alors. Alain Savary, le patient ministre de l'Éducation nationale de Pierre Mauroy, était presque parvenu à un accord entre les deux factions : enseignement public, écoles privées. Jacques Gaillot pense qu'il faut saisir cette chance historique. Les ultras des deux camps introduisent ces grains de sable qui enrayent la machine à compromis. À coup de déclarations et de manifestations, c'est l'affrontement. Un climat sectaire... comme si chacun réglait des comptes centenaires, brandissant les spectres des lois Falloux ou du petit père Combes... Et l'évêque d'Évreux qui lâche son camp, qui choisit justement ce moment-là pour abandonner la bannière de l'épiscopat français solidement tenue par Monseigneur Lustiger ! Un provocateur, un iconoclaste, un blasphémateur !

Comment la majorité des chrétiens, chauffés à blanc par un encadrement persuadé qu'en sauvegardant sa liberté il défend *les* libertés et *les* valeurs morales réunies, pourraient-ils, dans un climat aussi électrique, juger autrement l'ancien élève d'un collège catholique ? Le courage ne manque pas à Jacques Gaillot. Le courage d'un homme qui suit sa route, que ni les cris ni les horions n'arrêtent. Entêtement ? Témérité ? Les conseils de modération de ses amis, les suppliques ou les menaces de ses adversaires n'y font rien. Jacques Gaillot a horreur de rebrousser chemin. Tant pis pour les obstacles !

Pour que les choses soient bien claires, il récidive. Il a dit, il a écrit ce qu'il pensait de la défense de l'enseignement dit libre. Il dit, il écrit maintenant comment il voit le fonctionnement de ces écoles-là. Opaque !

Le texte paraît dans *Le Monde,* le 15 janvier 1985. Cet extrait est précédé d'un article de la Déclaration des droits de l'homme (Constitution de 1946) : « Nul ne peut être lésé dans son travail ou son emploi en raison de ses origines, de ses opinions ou de ses croyances. »

« En un an, contre nombre de personnels des établissements privés épris de liberté, se sont multipliés les pressions, les sanctions, les mutations arbitraires, les tentatives de licenciement, les procès, les interdictions d'expression, d'affichage et de distribution de documents d'origine syndicale, etc.

« Sans me prononcer sur les revendications qui relèvent du domaine syndical, je m'associe à cet appel pour le respect et le développement :

« – des libertés d'opinion, d'expression, du droit au respect de la vie privée,

« – des libertés syndicales, pédagogiques ou professionnelles, partout où l'on vit, partout où l'on enseigne, partout où l'on travaille. »

En signant une pétition où son nom voisine avec ceux des leaders de la gauche ou des animateurs du Comité d'action laïque, il ne se borne pas, comme il le dit, à poser des questions. Il accuse. Sans mesurer à quel point il devra être sur la brèche, rendre des comptes. Prévenus, ses amis auraient pu lui boucler un dossier solide. Les seules écoles « libres » de l'Eure fournissent assez d'exemples de liberté d'expression, de pensée ou d'association altérée ou bafouée.

Ses premières interventions seront laborieuses pour justifier son approbation de l'« appel aux libertés », le manifeste du Snudep. Il s'est engagé légèrement sur un sujet tellement lourd. Les universitaires réunis plus haut partageaient bien ce sentiment : l'évêque d'Évreux est parfois resté un enfant de chœur.

Qu'un évêque, au nom de l'Évangile ou de l'humanisme, ne prenne pas son parti de l'accumulation de morts contenue dans le surarmement, c'était déjà trop. Mais l'Église de France, après tout, n'est impliquée ni dans la construction d'ogives nucléaires, ni dans l'entretien de corps francs chargés le cas échéant de défendre la chrétienté contre les barbares (de l'Est, à l'époque). Qu'un évêque, bravant des traditions séculaires, cassant des positions unanimes (ou prétendues telles), dénonce l'injustice voire la perversité d'une institution liée à l'Église catholique – l'école du même nom –, c'est le séisme ! Qu'il ose le faire en pleine guerre (scolaire) et nous plongeons dans une atmosphère de fin du monde.

En fonction depuis deux ans, s'il n'avait pas procédé à pareille dénonciation, il n'avait pas non plus manifesté une grande sollicitude à l'égard de cette école, enfant chéri de l'épiscopat. Manquant de prêtres, il en avait retiré aux aumôneries des établissements catholiques. Un signe avant-coureur…

Depuis 1985, Jacques Gaillot n'a pas changé de ton. La paix scolaire recouvrée, les convictions s'affinent, s'aiguisent même : « Je ne supportais pas que l'Église s'investisse aussi complètement dans une institution. D'autant que l'école catholique est une école de classe, politiquement située. » Pour l'évêque d'Évreux, la fonction de l'école dite libre s'éclaircit : c'est l'école de la bourgeoisie. « Si l'Église doit promouvoir quelque chose, ce serait les écoles pour les paumés, les analphabètes, les exclus de tous les systèmes scolaires. » Si elle tient tant à mobiliser ses troupes, Jacques Gaillot lui propose volontiers d'autres thèmes : l'emploi, la paix, la faim...

Les laissés-pour-compte, quand ils sont scolarisés, fréquentent l'enseignement public comme la grande majorité des enfants du diocèse : il ne croit pas non plus aux fondements éthiques plus sûrs des écoles « libres », mais plutôt à une ségrégation au nom de la réussite scolaire, cachée derrière la bannière des libertés. Les motivations des parents n'ont pas grand-chose à voir avec la religion : pourquoi défendre cette école-là plus qu'une autre ? L'école du diable, s'il y a une école plus pervertie qu'une autre, n'est pas celle qu'on croit.

« Qu'est-ce qu'une école catholique ? Je dirai plutôt ce qu'elle ne doit pas être.

« – L'école catholique ne doit pas être la rivale d'une autre école.

« – Elle ne doit pas être une école de "classe" liée à ceux qui possèdent, pour la sauvegarde d'intérêts ou de principes.

« – Elle ne doit pas être une école élitiste qui privilégie avant tout la réussite scolaire[2]*. »*

---

2. Jacques Gaillot, *Ils m'ont donné tant de bonheur, entretiens*, Desclée de Brouwer, 1986.

Le coup de pied dans la fourmilière, pour reprendre l'expression de Jacques Gaillot, submerge l'évêché de réactions, signe que l'opinion publique est touchée en un point sensible. Six cents lettres. Paradoxe : elles sont aux deux tiers approbatrices chez les prêtres, plus encore que chez les laïcs ; parmi eux, plusieurs évêques... retraités.

« Catholique ou marxiste, il faut choisir » : ce leitmotiv résume les refus. Mais, cette fois, la violence extrême s'ajoute aux menaces verbales, aux coups de téléphone anonymes, aux graffitis vengeurs sur les murs des bâtiments épiscopaux. Le ton est volontairement agressif et puisé dans tous les registres. Parodiant maladroitement Cyrano de Bergerac, nous pourrions, avec Michel Pinchon, dresser l'inventaire des substantifs désignant l'évêque :

Militaire ? « Reculade, défaitisme, démoralisation, abandon de poste, désertion, haute trahison... »

Religieux ? « Église affadie, athéisme en marche, renégat, apostat... »

Politique ? « Homme de gauche, petit politicien, marxiste, fauteur de révolution, partisan de la lutte des classes... »

Moral ? « Sectaire, cause de scandale, Tartuffe limpide. »

« Ces lettres sont pleines d'arguments d'autorité. Elles ont souvent recours au patronage de personnalités sûres... Autour du thème de la liberté ou plutôt des libertés se situe l'essentiel du débat...[3] »

---

3. « Lettres à Jacques Gaillot », synthèse de Michel Pinchon, *Cahiers du libre avenir*, juin 1985.

Comme si l'avenir de toutes les libertés se cristallisait autour de la liberté de l'école. Comme si toutes les valeurs morales y étaient attachées. Comme si l'école catholique était l'ultime rempart au déferlement ou au dévergondage marxiste.

« Une fois de plus, ce courrier dérape : on est complètement sorti de la question de fond et l'amalgame est complet. Celui qui a posé deux questions claires à propos de l'enseignement catholique devient du même coup son ennemi. Il désire sa disparition. Par le pacte qu'il signe avec les ennemis de l'Église, et par le rappel de prises de position antérieures, il devient aussitôt partisan de l'objection de conscience, ennemi de la défense nationale et du nucléaire. Méprisant sa patrie, il soutient tous les étrangers qui la ruinent. Il pactise avec l'URSS et par là donne son accord à l'invasion de l'Afghanistan, approuve tous les guérilleros d'Amérique latine et d'ailleurs, est partisan du goulag et de l'écrasement de la Pologne. Sans compter les problèmes moraux. Avec une pareille mentalité, on ne peut qu'encourager pilules, avortements et même les films pornographiques, sans oublier la grève et la drogue[4]. »

Dans son exigence de liberté pour les écoles catholiques – qui s'apparente à la même revendication dans l'Église –, l'évêque d'Évreux s'était engagé avec un bagage léger : une intuition nourrie par quelques exemples. Ses laudateurs – chrétiens ou non – font déborder sa besace. « L'alliance entre président [de

---

4. *Idem.*

parents d'élèves] et directeur permet à l'école de fonctionner en dehors des structures » ; « Ici, informer devient un crime ».

On évoque des licenciements abusifs, des mystères financiers, une liberté qui s'apparente au libéralisme façon sauvage. Maîtres du privé et du public désignent l'école libre comme une école de classe : elle évite les contacts malsains avec les classes défavorisées, elle ignore les exclus, « assume plus une sauvegarde des privilèges qu'un véritable service ».

La majorité des lettres encourage Jacques Gaillot : « Ils nous persécuteront… vous réintroduisez la provocation évangélique nécessaire. » Le refus des compromis auxquels l'Église se prête si facilement dessine un nouveau portrait d'évêque qu'ils appellent de leurs vœux : parlez vrai et continuez à déranger !

Cette crispation de l'Église, Jacques Gaillot l'attribue – le bicentenaire y aide – à son incapacité à intégrer la Révolution française dans sa perception du monde. Pour lui, elle reste traumatisée par 1789, par le Siècle des lumières et par les durs affrontements de la IIIe République naissante ; il n'est que de lire les déclarations où s'empêtrent ses responsables, mélange de peur et de bons sentiments, à propos de 1789 : « Une période exceptionnelle où tant de choses sont devenues possibles. Tout est venu si vite… L'événement a bousculé nos alliances, nous n'avons pas su ou pas voulu le comprendre. »

Deux siècles plus tard, l'Église peine à tirer la leçon principale : elle ne peut délivrer une parole que si elle est libre de toute attache institutionnelle. Toute compromission va au débit de sa crédibilité. Le renouveau de la foi, que le prélat assimile à la libération de l'homme, n'a rien à voir avec un retour au passé, la recherche d'on ne sait quel âge d'or perdu. Il ne peut y avoir de libre message, de libres critiques que dans une libre Église.

Jacques Gaillot exprime toute son admiration à l'abbé Grégoire : « Un prophète, un homme qui a compris le rôle nouveau de l'Église dans la société, comment l'engager autrement. » Et de conclure malicieusement : « Avant 89, je n'aurais jamais été évêque d'Évreux. »

À l'issue de la manifestation « Ça suffat comme ci », le prélat dressait son bilan de la Révolution française : « C'est un événement considérable. Sans doute le plus important depuis Jésus-Christ. L'Église n'était pas préparée à ce choc. Elle a mis beaucoup de temps pour en tirer les conséquences. Ce n'était pas simple d'admettre la démocratie, la laïcité, la liberté de conscience. Elle a souffert. Beaucoup. Mais elle a été libérée. Libérée d'un État catholique. Aujourd'hui, elle ne doit pas faire le gros dos, mais définir son rôle, sa place dans un État laïc, pluraliste et démocratique. »

Jacques Gaillot, tout évêque qu'il soit, a vite été placé à l'index par les militaires. Il n'est pas vraiment en odeur de sainteté sur la base aérienne d'Évreux. Le voilà maintenant *persona non grata* dans nombre d'écoles catholiques. Plus d'évêque à la kermesse annuelle, plus de photos de famille dans la presse locale en compagnie des notables conservateurs ! Le chômage, on s'en doute, ne le menace pas : les collèges d'enseignement secondaire publics l'invitent, les structures qui défendent les droits de l'homme aussi. Et même les francs-maçons.

« On n'est pas prêt de me pardonner les questions que j'ai posées ! » Nous nous étonnions qu'il n'ait pas imaginé le paroxysme des réactions : « À ce point, j'ai été surpris. » Vraiment ? La douceur de la réponse ferait croire à de la naïveté, la voix chuchotée à la confidence. Le ton est toujours le même : on croirait l'enfant de chœur glissant subrepticement quelques mots à son voisin pendant la messe. De l'enfant de chœur, il a gardé le regard de gamin qu'anime parfois un petit reflet d'espièglerie. Jacques Gaillot vous parle avec légèreté et délicatesse, presque à voix basse, comme pour ne pas déranger. Comme s'il avait gardé de son enfance le goût de ces silences d'église, le souvenir de chapelles qu'un babil trop sonore troublerait. Il vous confie les paroles les plus inattendues, les plus ravageuses, à voix presque basse. Son bureau n'est pourtant pas dans la croisée du transept mais il s'y exprime comme si nous allions gêner une prière dite à deux pas de nous, dans quelque travée imaginaire.

Dans une Église qui vire à droite, Jacques Gaillot sent les dangers d'une remontée de l'anticléricalisme. Si l'Église veut jouer un rôle dans les institutions, sa marge est étroite. Quand elle intervient à la façon d'un censeur, sa parole est très mal reçue. Concernant le film de Scorsese, *La Dernière Tentation du Christ,* elle n'a pas demandé son interdiction, mais des évêques s'expriment curieusement : « Nous n'avons pas vu ce film, mais nous vous déconseillons de le voir. » Un comportement qui étonne Jacques Gaillot. Pour deux raisons : l'intolérance que recèle une telle condamnation, le refus que le Christ appartienne à tous.

L'évêque d'Évreux est allé voir le film dans son diocèse. Tranquillement. Mais pas vraiment incognito. À l'entrée, les notables locaux, le maire socialiste de Val-de-Reuil et les journalistes l'attendaient. On n'allait pas tarder à connaître l'opinion du prélat. « Le film pose de vraies questions. Quel homme était le Christ ? » Pour lui, le vrai scandale n'est pas dans le film, « mais dans l'intolérance et la violence suscitées. Le film aurait fait un excellent "Dossier de l'écran". On n'a pas la vérité, on la cherche. » Il y revient dans *Lui* : « Le Christ, jusqu'à la fin du monde, sera défiguré et, dans ce film, tout est défiguré. C'est à nous de nous interroger sur le visage que l'on donne au Christ. On a fait un battage curieux sur ce film mais il faut prendre conscience que le Christ n'appartient pas à l'Église et aux catholiques mais à l'humanité tout entière. »

Notre prélat est tout aussi malheureux quand l'Église catholique condamne *Les Versets sataniques*. Bien sûr, elle annonce parallèlement qu'elle est scandalisée par les appels au meurtre de Salman Rushdie, proférés par les ayatollahs. Mais pour l'évêque d'Évreux il s'agit toujours d'intolérance, de signes décourageants dans une société pluraliste et démocratique, d'une forme de cléricalisme : « Je suis contre l'alliance des religions, le côté "faire bloc". Ce qui est fondamental, c'est la liberté d'expression. L'alliance favorise l'intolérance, qu'on le veuille ou non. »

Cette défense internationale de l'ordre moral ne lui dit vraiment rien qui vaille : elle renforce les intégrismes, le besoin de certitudes intangibles dont se nourrissent les fanatismes. Au supermarché des croyances religieuses, le prêt-à-porter ou à consommer se vend bien. L'intolérance favorise les sectes, expertes en récupération. Pour Jacques Gaillot, c'est justement l'inverse – la liberté de recherche ou d'expression – qu'il faut promouvoir.

« Prenons simplement acte d'une évidence : dans une société laïque, les paroles sont multiples. L'Église peut tenir un discours qui complète ou s'oppose à d'autres prises de position. Quelles que soient les convictions des uns et des autres, acceptons la règle du jeu démocratique. Nous n'avons pas de position privilégiée. Notre discours, comme les autres, est jugé à la qualité de son contenu, à la force de sa conviction. N'ayons pas la prétention de donner *la* bonne parole. Prenons la parole, chaque fois que nous le jugeons nécessaire. Aux auditeurs et aux lecteurs de discerner, de juger. Mais n'ayons pas l'outrecuidance de leur dicter ce qu'ils doivent penser. Au nom de la simple liberté de conscience. Au nom de l'humilité également. »

Les propos de Monseigneur Glemp recèlent aussi pour lui le goût amer de l'intolérance. Quand le primat de Pologne, en août 1989, regrette l'« antipolonisme » de certains juifs et dénonce des « masses médias à leur disposition », l'évêque d'Évreux réagit immédiatement à ces propos qui frisent l'antisémitisme. Comme il s'inquiète de la volonté récupératrice de l'Église polonaise et des hésitations de Rome à propos du carmel d'Auschwitz. L'Église catholique, si discrète quand sévissait la barbarie nazie, a-t-elle vocation à assurer seule la garde morale de l'ancien camp de concentration ?

Aux côtés d'Harlem Désir et d'Eva Weil, Jacques Gaillot se rend à Auschwitz le 1er septembre 1989. Pour rencontrer la mère supérieure du couvent. Pour lui remettre un message qui s'adresse à tous :

« Ici, à Auschwitz, furent tués des hommes, des femmes, des enfants de toutes nationalités, races et religions parce qu'ils refusaient la soumission à la barbarie.

« Mais comment oublier qu'Auschwitz fut la destination finale de millions de juifs et de tziganes exterminés parce qu'ils étaient juifs ou tziganes ? Personne n'a le droit de s'approprier leurs cendres. Ils appartiennent au vide et au silence du monde. Aucune Église n'a le droit de confisquer cette mémoire. C'est pourquoi la présence d'un carmel en ce lieu ne respecte pas la mémoire de ce génocide. Auschwitz doit nous rappeler en permanence jusqu'où mènent les idéologies du mépris de l'homme : le racisme et l'antisémitisme. »

Condamnation des œuvres impies ou récupération des martyrs, ces habitudes-là sont d'un autre âge. Doctrine arc-boutée sur les valeurs morales ou Évangile ouvert, recherche permanente ? L'Église hésite. L'évêque d'Évreux a fait son choix. Ce n'est pas celui de dire ce qui est permis ou défendu. Il est révolu, le bon vieux temps.

Chapitre 4

EXCLUS DE TOUS LES PAYS...

Pierre-André Albertini effectue son service national au Ciskei, un bantoustan (sorte de réserve noire) entièrement dépendant de l'Afrique du Sud. Accusé de trafic d'armes et d'intelligence avec les militants anti-apartheid, il est emprisonné et condamné à quatre ans de prison.

Il est ébroïcien, ses parents professeurs d'histoire au lycée d'Évreux et communistes – Mme Albertini est conseillère municipale. Pierre-André n'avait pas choisi l'Afrique du Sud, il y a été affecté.

C'est un garçon de son diocèse, prisonnier au pays de l'apartheid, sans doute pour avoir apporté son soutien aux opposants. Jacques Gaillot n'hésite pas quand on l'invite à rejoindre le comité de soutien et à exprimer sa solidarité dans un meeting ou dans la presse... Même s'il y voisine avec des responsables communistes, à commencer par le maire de la ville. D'Évreux à Paris, où il s'agite pour la libération d'Albertini, il rencontre un public nouveau : « Des gens qui défendent et respectent l'homme… »

La cause est noble, mais la stratégie du parti communiste limpide : rassembler bien au-delà de sa sphère d'influence pour en tirer seul les profits. Vieille recette. Jacques Gaillot se moque de la stratégie du PCF ; en tout cas, il ne s'interroge pas sur les rapports de forces politiques qui apparaissent derrière la protestation. Il s'agit pour lui d'un problème humain dans un pays inhumain. Une délégation ira en Afrique du Sud tenter des démarches auprès des autorités locales et rencontrer si possible le prisonnier. Les médias couvrent l'affaire, l'Afrique du Sud est montrée du doigt. L'ambassade, après de longues tergiversations, octroie deux visas, réduisant la délégation à Anne Albertini, la sœur du coopérant, et à l'évêque, Jacques Gaillot.

La date du départ n'est pas à négocier : ce sera le 16 juillet 1987. Cruel dilemme pour l'évêque d'Évreux. Ce jour-là est précisément celui du départ pour le pèlerinage à Lourdes. S'il s'agissait seulement de la migration isolée du prélat… Pas du tout ! Près de quinze cents personnes du diocèse partent ce jour-là en train, quinze cents brebis qui attendent leur pasteur. Pour l'évêque d'Évreux qui hésite sans doute moins qu'il ne le dit sur le choix à effectuer, l'explication est aisée, la parabole évidente, le bon pasteur abandonne provisoirement son troupeau, à la recherche de la brebis égarée…

Au moins le régime raciste de Pretoria ne cherche-t-il pas à se montrer meilleur qu'il n'est. Tracasseries, mise en quarantaine, escorte policière permanente : rien n'est laissé au hasard. Les autorités ne cherchent vraiment pas à séduire leurs hôtes. Des heures d'attente et de déplacement pour... une demi-heure avec le prisonnier : un homme déterminé et serein. Il manque d'informations, c'est le lot de tout prisonnier. Mais Pierre-André est ravi de la visite. Ravi et étonné : que vient donc faire l'évêque d'Évreux dans cette galère ? Un évêque, ce n'est pas vraiment le type de familier qui fréquente la maison paternelle. Mais il est vraiment le bienvenu !

De retour, Jacques Gaillot est assiégé par les médias. Vers lui se tendent tous les micros. Mais un journaliste favorisé les a devancés dans l'avion ; l'envoyé spécial de *L'Humanité.* C'est lui qui recueille les premières impressions du prélat. Et qui s'arrange pour qu'on le sache. Ce détail pèsera lourd dans les réactions à l'expédition sud-africaine.

L'histoire s'achève en conte de fées : le bon évêque avait bien plaidé, le brave comité s'était décarcassé, les méchants Blancs battent en retraite et le courageux prisonnier est libéré. Pierre-André Albertini rentre en France le 8 septembre 1987 sous les vivats. À Évreux, l'évêque est de la fête. D'une façon générale, il aime les foules rassemblées qui s'extériorisent, lui, un homme intérieur et réservé : « C'est le plus beau jour de ma vie d'évêque », répète-t-il à l'envi.

Les ennuis ne commencent pas ce soir-là. Les réactions s'accumulent depuis deux mois : n'a-t-il pas dépensé sans compter – temps, énergie, argent peut-être – pour un communiste, un terroriste, mêlant sa voix à celle des « ennemis de Dieu » ?

Pour la bourgeoisie locale, il vient à nouveau d'apporter son soutien aux communistes. Les coups de téléphone ou les lettres, souvent anonymes, lui donnent du « camarade », du « tovaritch ». Le voilà affublé des qualificatifs de « taupe du communisme international », d'« ordure de communiste », d'« annonciateur du goulag ». « Que le diable vous emporte » : on lui souhaite tous les maux, sida inclus. La République sud-africaine n'a pas que des ennemis : « Ah ! si nous avions mené une telle politique, nous serions encore en Algérie, au Vietnam et dans nos colonies africaines ! »

Pourtant, une fois de plus, les réactions positives sont les plus nombreuses. Elles affluent : beaucoup se réclament de ce diocèse invisible, leur seul lien avec l'Église. Pour ces voix venues de tout l'Hexagone, Jacques Gaillot est le seul évêque porteur d'un message évangélique. Il annonce la « bonne nouvelle » et ne se borne pas à distribuer « ces belles phrases qui ne coûtent rien et ne dérangent personne ». Une centaine de prêtres lui témoignent leur solidarité. Jacques Gaillot ne quitte pas la scène internationale. Un avion l'a mené en Afrique du Sud, un bateau pourrait le transporter en Palestine...

Fin 1987 commence dans les territoires occupés par Israël la « révolte des pierres ». L'armée israélienne intervient durement contre des foules hostiles souvent conduites par des adolescents : « Je crois qu'il y a un droit du peuple palestinien à avoir une patrie, déclare l'évêque d'Évreux, je souhaiterais que l'Église réagisse et prenne davantage position. » Remise à l'AFP, la déclaration est reprise par des chaînes de télévision. L'apôtre de la non-violence trouve dans la révolution palestinienne une forme de lutte qui lui convient : « Force collective, non-utilisation des armes, soutien de toute la population... »

Mais la cause est particulièrement délicate à plaider : Palestinien = Arabe = musulman = terroriste = peur passionnelle.

« C'est d'autant plus vrai qu'on n'en a jamais vu. Il y en a si peu en France. » Pour Jacques Gaillot, toujours prêt à déplacer les montagnes, plus la cause est difficile, plus l'environnement est hostile, plus le combat est juste ! On connaît le goût de cet évêque-là pour la cascade et le trapèze volant. Et son plaisir à manifester sa différence. Nul doute que, en faveur de la Palestine, il se découvre bien seul... ou en des compagnies qui n'aient pas l'heur de plaire à tous les paroissiens.

Le premier à franchir le portail de l'évêché s'appelle Ibrahim Souss. Délégué de l'OLP à Paris, écrivain et pianiste de renom, il reviendra. Il convainc Jacques Gaillot de s'embarquer à bord du « bateau du retour ». Trois cents exilés accompagnés de personnalités regagneraient la Palestine.

Un *Exodus* qui ramènerait un autre peuple vers la même terre promise. L'ancien étudiant de la Grégorienne y retrouve le parfum de cette ambiance internationale – cosmopolite, écrirait-on ailleurs – qu'il a tant aimée. La présence de nombreux journalistes n'est pas pour lui déplaire. L'expédition est destinée à l'opinion mondiale, au moment où les habitants des territoires occupés subissent une répression impitoyable. Jamais

Israël ne laissera approcher le « bateau pour la paix » ancré en rade de Larnaca. « L'Église en parlait si peu que je devais en parler », insiste-t-il. Ce qui n'est pas tout à fait exact : Jean-Paul II a reçu Yasser Arafat, et la commission « Justice et Paix » de Monseigneur Fauchet, que notre prélat a consultée, se penche depuis longtemps sur le problème palestinien.

Jacques Gaillot, lui aussi, rencontre Yasser Arafat, à Tunis. La visite du leader palestinien à Paris, en 1989, lui fait dire qu'il a apporté sa petite pierre à cette reconnaissance par la France. Il retrouve avec plaisir le chef de l'OLP après sa visite historique à François Mitterrand.

L'évêque-ambassadeur était-il si avant-gardiste ? Pas plus que le Vatican qui se refuse à reconnaître Israël autrement qu'à côté d'un État palestinien. Les catholiques de France, et d'Évreux – ne l'oublions pas, si lui l'oublie parfois, Jacques Gaillot est bien l'évêque d'Évreux – auraient préféré qu'il s'inquiète d'un drame aussi obsédant, celui des chrétiens du Liban. Un rassemblement à la cathédrale a bien communié avec les Libanais. Jacques Gaillot répugne à faire plus : « On me reproche de ne pas en parler, l'Église ne cesse d'en parler. » Le goût de la solitude dans la revendication n'explique pas seul sa réaction. La revendication palestinienne est limpide, légitime, incontournable. L'ancien lieutenant en Algérie continuera, dans les années quatre-vingt-dix, à apporter son soutien aux Palestiniens, si isolés et divisés. Même quand Yasser Arafat rentre au pays. Au Liban, la paix – impérieuse nécessité – mais la paix pour qui, pour quoi ? « C'est délicat, l'Église, là-bas, est tellement liée au pouvoir. »

L'histoire n'est certes pas la même, mais, pour Jacques Gaillot, l'Église doit partout « garder les mains libres ». « Le Christ était libre par rapport aux pouvoirs, aux lois, aux cultes. Il redonne l'homme à lui-même. Un message de libération de l'homme. Cette libération ne peut écarter toute violence, peut-être, dans des situations extrêmes. Mais il y a tant de moyens pour éviter la violence. »

Au nom de cette libération, Jacques Gaillot dénonce aussi bien la dette du tiers monde que la situation faite aux hommes du tiers monde dans notre pays. « Les États riches doivent gommer leurs dettes. » C'est ce qu'il veut exprimer en juillet 1989 à la Bastille. « Mais ce sont aussi les États riches qui fixent le cours des matières premières, qui appauvrissent les pauvres... Les hommes ont droit à la vie, au travail, à la santé. Mais les pays du tiers monde vivent une situation de détresse. Sans s'aveugler il faut s'interroger : comment ces pays pourraient-ils, comme les pays riches et de vieille démocratie, être parfaitement respectueux des libertés, quand eux-mêmes, en tant qu'États, ne sont pas libres ? "Un minimum de bien-être est nécessaire a la vertu", disait déjà saint Thomas d'Aquin. »

Quand on parle de « bulletin diocésain », chacun imagine quelques pieuses paroles, des chants liturgiques et le calendrier des messes et des apparitions de Monseigneur l'évêque. Même à Évreux on n'y échappe pas complètement, mais le périodique s'ouvre toujours par un éditorial de Jacques Gaillot, simple et... directement politique, diraient ses adversaires. Le Code de la nationalité façon Pasqua y est annoncé comme « dangereux », le « contexte politique » (la victoire de la droite en 1986) invite à la « plus grande vigilance » :

« Un tel projet donne raison à ceux qui souhaitent structurer notre société dans l'exclusion. D'où la nécessité d'un vrai débat sur l'identité nationale. Un peuple affirme son identité et sa dignité lorsqu'il assume ses responsabilités historiques et sociales. Lorsqu'il reconnaît les enfants engendrés par son histoire, sa culture, sa société. Une nation ne choisit pas ses enfants. Elle doit reconnaître ceux qu'elle a engendrés[1]. »

La défense d'un objecteur de conscience, d'un prisonnier de l'apartheid ou d'un peuple sans terre ou sans droit illustre le même dessein. Dignité contre exclusion : une antinomie au cœur de la démarche de Jacques Gaillot, réaffirmée avec entêtement dans ce bulletin diocésain. Certains éditoriaux ne dépareraient pas une feuille d'extrême gauche ou trouveraient toute leur place dans un tract de SOS-Racisme.

« Les étrangers risquent de perdre un statut qui les garantissait contre l'arbitraire. Comme toujours, ce sont les plus démunis qui sont les victimes. Déjà, l'intensification du contrôle d'identité les touche en premier. Au nom de la sacro-sainte sécurité, les droits de l'Étranger sont bafoués, la voix est étouffée.

« Il y a juste dix ans [16 juin 1976], de tragiques affrontements raciaux faisaient six cents morts à Soweto en Afrique du Sud. Le scandale de l'apartheid continue.

---

1. *Bulletin diocésain,* novembre 1986.

« Le prix Nobel de la paix, Monseigneur Desmond Tutu, nous ouvre le chemin d'avenir : "La seule solution à la crise en Afrique du Sud est que les Blancs reconnaissent les Noirs comme des êtres humains." Rien qui soit en contradiction avec la doctrine de l'Église[2] ! »

En 1994, Jacques Gaillot saluera l'élection de Nelson Mandela comme l'événement majeur de l'année.

Les bulletins diocésains s'adressent aux chrétiens les plus pratiquants – qui ne se confondent pas avec les plus progressistes –, consultez-les tous ! Vous n'en trouverez pas en France de plus directs, d'aussi militants !

« L'homme n'est pas un produit jetable », lance un jour l'évêque.

Dans une décennie où s'effrite le militantisme, l'ancien enfant de chœur, lui, s'engage et s'engage encore. Les médias, c'est vrai, amplifient le message à contre-courant. Tant d'autres rêvent en vain de ce concours-là ! Mais Jacques Gaillot éveille leur intérêt par sa capacité à appeler un chat un chat. « Le racisme est contraire à l'Évangile », proclame-t-il en 1985, avant d'illustrer l'assertion ici et là. Beaucoup d'évêques le suivraient sans problème dans cette condamnation univoque. Mais puisque le message est prononcé en France à l'occasion d'élections locales, l'évêque d'Évreux appelle le racisme par son nom : Jean-Marie Le Pen, Front national.

---

2. *Idem*, juin 1986.

Et, là, une fois de plus, il franchit la ligne rouge. Dénoncer le racisme, oui... enfin... à la rigueur. Jean-Marie Le Pen : non! Notre évêque fait de la politique! Les chrétiens pratiquants le lui disent – dans bien des cas le lui crachent – sans ambages. On écrit à Ben Gaillot, responsable de la mosquée d'Évreux. Les injures n'ont rien à envier aux litanies du capitaine Haddock : « Hypocrite, ordure, ignoble, apache, binoclard, scorpion, polichinelle, guignol... » Avec cette formule qui ouvre une autre litanie : « Je ne suis pas raciste mais... » « ... Mais on est détroussé, oppressé tous les jours... mais ils ont introduit la prostitution... mais ils sont les complices des prises d'otages et des attentats... mais quand on pense à ce qu'ils touchent et souvent sans travailler... mais c'est pour leur bien, ils sont mieux chez eux. » Arguments éculés, mille fois ressassés, qui se nourrissent de toutes les peurs. Ils pourraient rappeler à l'évêque d'Évreux que les catholiques les plus pratiquants sont aussi les plus conservateurs. Le courrier, toujours aussi abondant, s'en charge : « Au lieu de condamner, vous devriez vous réjouir que 30 % des catholiques pratiquants votent pour le Front national, c'est un signe d'espérance. »

Jean-Marie Le Pen lui-même lance au prélat dans une lettre ouverte : « Si vous n'étiez un ecclésiastique, je vous traînerais en justice. » Il en faudrait plus pour intimider « ce pelé, ce galeux, d'où venait tout leur mal ». La conviction de l'évêque se fortifie des encouragements nombreux venus des frontières de l'Église : « Il y a, au-delà des cultures, une promesse de fraternité universelle, il faut la chercher... » Une intuition pressentie dans ses années algériennes ou romaines. À mesure qu'il investit de nouvelles terres, il durcit l'hostilité des uns – l'exaspération touche depuis longtemps au paroxysme – mais découvre d'autres hommes.

S'il mesurait les choses en termes de rapport de forces, d'image, il pourrait pavoiser : son audience s'élargit, son parler-vrai paie. À la bourse des valeurs médiatiques cotées, il est en progrès. Ce qu'il traduit dans son registre d'évêque par : je touche les gens, j'évangélise. Par cette « insolente authenticité ». Par une « parole nette et sans compromission[3] ».

---

3. Les réactions à l'intervention de Jacques Gaillot sur le racisme sont toutes tirées des *Cahiers du libre avenir,* décembre 1985.

CHAPITRE 5

MONSEIGNEUR TOUS AZIMUTS

L'Église y régnait jadis en maître absolu. Ils étaient bien isolés, ceux qui lui contestaient cette primauté ! La morale, c'était son affaire. Elle était experte en morale. Elle dispensait la bonne parole. Elle savait le Bien et le Mal, elle pouvait dire ce qui était permis et ce qui était défendu. Entre les deux, une seule passerelle, la confession, une seule voie pour retrouver le bon chemin, la contrition. Tous pénitents en puissance : les moutons étaient bien gardés.

L'Église distinguait le bon grain de l'ivraie. Elle seule connaissait le bon et le mauvais. De toute éternité et pour tous les siècles à venir. Il n'y avait finalement qu'une seule chose, qu'un seul état qu'elle ne connût pas : le doute. Qu'on lui fasse confiance et les loups seraient tenus à l'écart de la bergerie.

Et puis, pire que le loup, est venu le diable. Non, non, Monseigneur Gaillot n'est pas le premier diable, ce serait lui faire trop d'honneur. Tout au plus le dernier diablotin d'une troupe meurtrière qui assiège depuis deux siècles la chrétienté jadis rayonnante. Le diable s'appelle *Encyclopédie* – la première, celle de Diderot – ou Révolution française, ou plus généralement modernisme. Le diable, que sa perversité intrinsèque place au cœur même du système, peut même s'appeler Vatican. Ou, plus précisément, Vatican II.

Le monopole de l'Église s'est délité. Au marché commun des valeurs morales, la concurrence s'aiguise. Elle s'exaspère même en cette fin de XXe siècle, au moment où, justement, les ouailles, devenues citoyens, supportent mal les commandements. Les mœurs ont évolué si vite, au rythme de libertés qui s'élargissaient… Les ordres, même déguisés en conseils, sont bien mal acceptés. La déchristianisation aidant, les Français comprennent mal au nom de quoi l'Église briserait l'hédonisme ambiant.

Et le domaine réservé, c'était autrefois la morale sexuelle. Jacques Gaillot n'est sûrement pas le premier à s'agacer des préceptes surannés et inefficaces de son Église. Mais il est évêque et il le dit : « Nous ne sommes pas les huissiers de la morale. » Cette société du XXe siècle finissant, qu'il critique souvent avec véhémence, il l'aime. Il se sent pleinement dedans. Il l'embrasse tout entière. Il sait qu'à lancer des interdits on ne conquiert pas. On ne rassemble plus durablement un peuple par l'addition de peurs et d'anathèmes : « J'ai un *a priori* favorable pour le monde qui nous entoure. Il m'inquiète, parfois, mais ne me fait pas peur. On me reproche souvent de prendre trop parti. Mon parti c'est celui de l'espérance. L'évolution des mœurs ne me donne pas à penser que nous courons à notre perte, que la jeunesse est en perdition… »

Du plaisir, de l'acte sexuel, de l'amour enfin, il donne des définitions qu'on n'attend pas toujours de la bouche d'un homme d'Église – homme d'Église, un qualificatif qui lui convient mal et ne lui plairait guère...

« La recherche du plaisir est-elle condamnable ?

– *Le plaisir fait partie de nous et de la vie. Il ne faut pas condamner le plaisir, c'est quelque chose qui nous est donné. Mais la jouissance ne doit pas se manifester au détriment du respect de soi ou des autres.*

– L'acte sexuel n'est plus considéré comme un péché ?

– *J'espère que non : cela fait partie de la nature ! C'est quelque chose de beau et de grand. Mais l'acte sexuel n'est pas simplement un acte mécanique, il prend tout son sens dans l'union des cœurs.*

– Alors, quelle est votre définition de l'amour ?

– *C'est l'union des cœurs, des corps, qui fait que quelqu'un peut être autre. L'amour transforme. L'amour donne la joie de vivre. L'amour construit une vie. L'amour humain doit être partout*[1]. »

Même quand sa position rejoint celle de l'Église, la formulation est autre :

« C'est vrai qu'il existe un vide éthique aujourd'hui... Les intellectuels sont silencieux, l'Église pré-

1. *Lui*, janvier 1989.

tend défendre les valeurs chrétiennes contre le sida, Scorsese, le RU 486, etc.

« On ne peut pas revendiquer l'accès à la pilule abortive au nom de la libre disposition de son corps. Celui-ci est fait pour l'autre. Ceci étant, je comprends qu'un gouvernement, au nom de sa responsabilité, tente de résoudre le problème des avortements clandestins et tente d'atténuer les risques d'une IVG par un procédé moins dangereux. Mais l'avortement reste un mal. Je n'ai jamais rencontré quelqu'un qui m'ait affirmé le contraire[2]*. »*

On l'accuse de laisser-aller, laisser-faire. Il répond, dialogue avec et dans la société.

Encore une fois, Jacques Gaillot ne s'adresse pas aux catholiques. À quoi bon ? Y a-t-il une perspective chrétienne de la lutte anti-sida et une vision païenne du même fléau ? Il n'y a pour lui que deux catégories : les victimes du sida et ceux qui pourraient le devenir. « L'urgence, c'est de préserver la vie, pas de prêcher la fidélité et la chasteté. » Ou tout au moins de sauver d'abord, d'expliquer ensuite. À propos de la campagne contre le sida, en 1988, il aurait préféré que « l'Église ne parle pas » si elle n'avait pas d'autre antidote à offrir que la lutte contre l'adultère et les discours sur le relâchement des mœurs. Combat-on les typhons à coup de processions et les nuages de sauterelles par des exhortations ?

Les préceptes moraux désuets assenés aujourd'hui par l'Église la marginalisent un peu plus. Distri-

2. *Témoignage chrétien*, 5 décembre 1988.

buant les interdits du haut de son piédestal, elle perd de vue leur impact. Tout le monde, ou presque, s'en moque. Ou, pire, s'en exaspère. Les responsables de l'épiscopat vivent-ils dans un bunker ? Y perçoivent-ils encore l'écho de leurs sermons anachroniques ? Jacques Gaillot ne se résout pas à cette obsolescence.

« On ne peut pas condamner les préservatifs, déclarait-il en novembre 1988 sur Canal Plus, qui sont actuellement le seul moyen de lutter contre l'épidémie. Il ne faut pas culpabiliser les gens. Je ne voudrais pas personnellement que quelqu'un attrape le sida à cause de condamnations que différentes Églises pourraient faire. » Culpabiliser ! Problèmes sexuels ou sociaux, l'Église, telle que la rêve ou la pratique l'évêque d'Évreux, doit tourner le dos à ce concept-là ! Pour le militant abolitionniste qu'il est par ailleurs, « la vie n'a pas de prix ».

Cette fois, Jacques Gaillot remporte un succès… y compris dans son propre camp. La hiérarchie, prompte à condamner, hésite maintenant sur la conduite à suivre face au sida. Se donnerait-elle le droit, dans certains domaines, à douter, à s'interroger ? L'optimisme habituel de l'évêque d'Évreux n'est pas béat au point d'y croire vraiment.

Son amour de la vie et de la liberté, plus fort que tous les principes de la Sainte Église, est soumis à rude épreuve quand il rencontre, comme d'autres, les malades, les détenus ou les mourants. Pas facile de trouver une parole pour les plus exclus des exclus : « Je revois cette mère dont le fils est mort du sida ou ce détenu de la prison d'Évreux qui un jour m'a confié qu'il était séropositif. Je l'ai regardé, je ne savais que dire. Ce détenu m'a remercié de l'avoir écouté et surtout... de n'avoir rien dit. C'était la première fois qu'il en parlait. »

Et si ces démarches solidaires cherchaient à ramener à Dieu les brebis égarées ? La tentation existe-t-elle ? « Il ne s'agit pas de profiter des situations désespérées pour parler de Dieu. Je veux seulement montrer que nous sommes frères. Si l'on me demande de parler de l'Évangile, je le fais, bien sûr... l'essentiel n'est pas là : solidarité d'abord ! »

Parce que le sida renvoie à l'homosexualité ou parce qu'il classe ceux-ci parmi les exclus, l'évêque d'Évreux s'est souvent exprimé sur les homosexuels. Commentant dans *Globe*[3] un sondage sur le sujet, il se félicite de la moindre marginalisation des *gays* : les parents se déclarent, à dix ans d'intervalle, deux fois plus nombreux à accepter l'homosexualité de leurs enfants. « Ce sondage donne de l'espoir et du courage. Les idées d'exclusion régressent et les Français sont plus réalistes et plus objectifs face à l'homosexualité. Tout cela est plutôt prometteur... » Le prélat se réjouit que « les jeunes soient plus tolérants que leurs aînés ». Il encouragerait plutôt chacun à accepter cette différence-là : « Admettre ne veut pas dire approuver, je crois que les Français doivent faire un effort. »

Certaines Églises sont allées très loin dans l'acceptation de l'homosexualité. Jacques Gaillot s'impose une limite : « Le mariage ? Je l'imagine mal. C'est la notion que j'ai du mariage qui serait bouleversée. » En

3. *Globe*, avril 1989.

revanche, la lutte contre toute forme de discrimination lui paraît s'apparenter, dans ce domaine, au refus des exclusions : « La société peut prendre des décisions, aller beaucoup plus loin. Ce n'est pas à l'évêque de proposer une législation. »

Quant à l'Église, elle doit les accueillir : « Comment ? Il faut au moins un débat. Mais les homosexuels, comme d'autres, doivent avoir des responsabilités dans l'Église. Il n'y a pas une Vérité révélée, détenue, qui économiserait toute réflexion, ni dans ce domaine, ni dans les autres. » Jacques Gaillot manifeste toujours cette inlassable curiosité. Le filet de voix est si menu qu'on le prendrait pour une hésitation, une incapacité permanente à choisir, à décider. Au faîte du débat, il n'éprouve aucune gêne à conclure : « Je ne sais pas. » Quitte à ajouter : « Qu'en pensez-vous ? » Il est des dossiers sur lesquels notre évêque ne s'est pas encore fait une religion. Sur l'homosexualité par exemple : « Je ne sais jusqu'où aller… »

Une morale sans liberté ? Sa réponse est négative. « L'homme ne trouve sa dignité que dans la liberté ou dans le risque de sa liberté. L'homme n'est homme que dans la liberté. Une morale imposée de l'extérieur, qui brimerait la décision de conscience de la personne, n'est pas acceptable. L'Église est dans son rôle quand elle aide à éclairer les consciences et rappelle le prix de la vie humaine. Mais chacun, libre, prend sa décision. »

À consulter les recueils d'articles ou à regarder les vidéocassettes, on imaginerait que la morale sexuelle suscite des interventions particulièrement abondantes de la part de l'évêque d'Évreux. Peut-être les journalistes apprécient-ils particulièrement ce terrain-là. Hasardons une autre explication : les réponses de Jacques Gaillot se révèlent sûrement moins austères, moins sentencieuses que celles des porte-parole patentés de l'Église de France. L'usage du décodeur est inutile.

Le champ d'intervention de l'évêque d'Évreux, on commence à le mesurer, ne connaît pas vraiment de limites. Monseigneur tous azimuts ne paraît épargner aucun domaine, aucun patrimoine, aucun héritage. Il aime pénétrer dans les enclos, aborder les mondes nouveaux, écorner les certitudes, inaugurer des spécialités inattendues… Mais l'évêque d'Évreux est aussi présent dans son département de l'Eure. Même si on lui reproche de trop le déserter.

À Bernay par exemple, à l'ouest du département, la principale usine de la ville va fermer. Une grande partie de la cité défile, à l'initiative des syndicats. Les volets, les rideaux de fer des magasins sont fermés. La restructuration frappe. Pour Jacques Gaillot, qui n'essaie pas de jouer les experts économiques, elle touche des innocents. Il défile dans l'immense cortège, aux côtés des dirigeants syndicaux. Un silence impressionnant : il pense à un droit au travail. Pour les ouvriers de Prestil comme pour les autres.

Coïncidence : quinze jours plus tard, il est à nouveau à Bernay. Pour un pèlerinage, une célébration. Il s'en rend bien compte : le public n'est pas le même. Pas du tout. En chaire, il rapproche les deux événements, s'étonne de l'absence des chrétiens au défilé précédent : où vaquaient, où officiaient les prêtres, ce jour-là ? La leçon passe mal, l'air est chargé d'électricité. « J'ai senti une certaine inquiétude. On n'attendait pas de l'évêque ce discours-là. Qu'est-ce qu'il fallait donc que je dise ? »

À l'autre bout du département, Pont-de-l'Arche, dans la vallée de la Seine. L'usine de chaussures est en grève. Ce sont des femmes qui appellent l'évêché. « À un autre que Gaillot, on n'aurait sûrement rien demandé. Lui, on savait qu'il viendrait. Ça serait un soutien important. » Il vient, il écoute, il regarde. Tout habitué qu'il soit aux anachronismes, aux causes désespérées, il se croit plongé en plein XIXe siècle : « Ces femmes menaient une grève très dure, leur première grève. Je crois qu'elles prenaient la parole pour la première fois. Je ne me suis jamais demandé si elles étaient chrétiennes ou pas. Je crois qu'il n'y avait pas beaucoup de chrétiens. Elles m'ont applaudi chaleureusement. Je ne sais pas si j'ai été utile à quelque chose, mais, en tout cas, je me sentais à ma place… »

De chrétien, en fait, il n'y en avait peut-être qu'un dans cette usine : le patron ! Un patron de droit divin comme les petites entreprises savent en générer encore. Et il s'est fait connaître… en téléphonant à l'évêché. « Il était furieux », conclut notre prélat avec son insondable sourire. Ce coup de fil désagréable ne le dissuade nullement de participer à la fête qui conclut la grève victorieuse. Jacques Gaillot ne cultive pas, on le reverra, les relations les plus cordiales avec les patrons locaux. Celui-là se plaindra en haut lieu du tour pendable que lui a joué l'évêque irrespectueux des traditions : il écrira à la conférence épiscopale. Une plainte parmi tellement d'autres…

Les interventions de l'évêque d'Évreux dans les conflits sociaux sont devenues courantes. Inutile de multiplier les exemples. La CGT, avec le Parti communiste dans ses bagages, ne se gêne pas pour solliciter le prélat. Lucas, le permanent de la CGT, connaît bien le numéro de l'évêché. Le réalisme politique du PCF, joint à sa volonté d'apparaître comme le rassembleur des exploités ou des mécontents, rencontre la disponibilité et l'ouverture de l'évêque d'Évreux. Pas facile de dénoncer l'injustice des licenciements sans apparaître comme un faire-valoir du PCF. Appelé, Jacques Gaillot est immédiatement partant. Trop vite partant.

Les chrétiens qu'il n'a pas vus à Bernay ne sont pas toujours absents de ces conflits. Ils sont souvent à la CFDT. Et la CFDT, qui a rompu il y a vingt ans avec sa référence chrétienne – elle s'appelait CFTC –, tient à garder une image laïque laborieusement forgée. Elle hésite à en appeler à l'évêque, fût-il un « Monseigneur lutte de classes ». Au nom de ses principes laïcs, elle se prive du soutien d'un évêque anticlérical ! La CGT n'a pas de ces pudeurs : grâce à son pragmatisme, elle parvient souvent la première à faire entrer dans son jeu cet allié peu naturel.

Querelle de boutiques ou de principes ? La spontanéité de l'évêque agace parfois ses proches ou certains de ses supporters, d'autant qu'il flaire mal ce type de piège. L'évêque est-il à tout le monde, au plus habile ou au premier arrivant ? On sait en tout cas ce qu'il ne supporte pas : l'économisme, les nouveaux privilèges, le fatalisme devant l'aggravation des inégalités. « Performant, compétitif, meilleur : voilà des valeurs que la société communique en permanence, sacrifiant ceux qui ne pourront jamais rejoindre la peloton de tête. Je l'ai remarqué dans les grèves récentes, cette distorsion entre l'économique et le social. Démantèlement du second au profit du premier. À ne pas lier les deux, on s'engage vers une modernité partielle, vers une claudication permanente. Comme si l'on ignorait les conséquences explosives de pareille démarche. Comment rentrer chez soi, le SMIC en poche – ou le RMI –, et connaître sans sourciller le salaire d'un PDG de PSA ou d'un joueur de football professionnel, quelle indécence ! »

Sur la scène sociale, les entremises de l'évêque s'effectuent sur un terrain déjà balisé, même si les syndicats peinent à conserver leur influence. L'évêque d'Évreux n'évalue pas toujours les antagonismes latents ou réels qui jalonnent le parcours ou consulte mal les chrétiens qui occupent le terrain. De là à paraître parfois un enfant de chœur…

« Les conséquences ? Elles me surprennent et me dépassent… leur ampleur surtout. » Mais l'expérience aidant, l'évêque, qui n'aura jamais la roublardise des vrais politiques, apprend à se méfier. Il est tombé quelquefois dans le piège de la récupération. Il y retombera peut-être, mais il se fait plus précautionneux. Quand Michel Rocard s'arrête à Évreux, il le reçoit avec plaisir. Un minimum entre deux hommes qui se targuent de manier le « parler-vrai » ! Mais un communiqué annonce en substance le lendemain : « L'évêque d'Évreux a reçu Michel Rocard à la demande de celui-ci. L'évêque d'Évreux rencontrerait toute autre personnalité de passage dans la ville et qui le souhaiterait… »

Et si Le Pen... « Aucune demande ne m'est jusque-là parvenue. »

Un homme des villes plus qu'un homme des champs : on le voit plus à l'usine qu'à la campagne. Lui, amateur de grandes promenades en forêt, infirme cette préférence et nous raconte lui-même l'une de ses escapades : « Dans une petite paroisse, un agriculteur me demande une église pour mener une grève de la faim. Il était tenaillé par le Crédit agricole, incapable de rembourser sa dette. Je lui donne une église. Une église, c'est fait pour servir... Avec le comité de soutien, je dis la messe le samedi soir, devant de nombreux ruraux. Que l'Église (avec un petit ou un grand É) soit là, ce devrait être son instinct. »

À la sortie de l'église Saint-Ouen de Pont-Audemer, la télé est là.

« Pourquoi l'évêque est-il venu ici un samedi soir ?

– La question se poserait si l'évêque n'était pas là ».

Être évêque, c'est parfois conduire l'armée des fidèles, c'est surtout être aux avant-postes, voire en embuscade. Ce que la télé ne dit pas, c'est que le Crédit agricole est présidé par un membre de Chrétiens en monde rural, issu de la Jeunesse agricole chrétienne. Jacques Gaillot s'en prend, dans une homélie, au fonctionnement peu démocratique de cette banque. Quant au gréviste de la faim, il est athée !

L'évêque d'Évreux n'est pas toujours là où on l'attend, « là où il devrait être ». Mais il avance sur son chemin. Avec persévérance. Sans souci des barbelés qui pourraient l'arrêter, des mines qui explosent ou des balles qui sifflent. Les coups ne sont que vicissitudes qui n'altèrent pas la cohérence de la démarche. Jacques Gaillot agite ce qu'il appelle la « parole libératrice du Christ ». L'Évangile ressemble à l'étendard de la Révolution. Sa foi en l'avenir de l'humanité, c'est le vœu que l'homme se fasse davantage provocateur ou rebelle. Qu'il sache dire non. Au pouvoir. À n'importe quel pouvoir.

On ne s'attendait pas à ce qu'il parlât des Canaques, de la spéculation boursière ou des prisons... On ne s'attendait pas à ce qu'il fût rejeté par les écoles catholiques... On ne s'attendait pas à ce qu'il se passionnât pour l'économie sociale ou les entreprises intermédiaires – ces associations qui tentent de réadapter les chômeurs de longue durée à la vie active. Maintenant, on ne s'y attend que trop. Les uns avec exaspération, les autres avec délice. Jacques Gaillot, de ce pas sautillant qui le grandit parfois de quelques centimètres, leur laisse peu de répit dans la course.

DEUXIÈME PARTIE

Un évêque pour tout le monde

CHAPITRE 6

SURTOUT NE DIS RIEN À PERSONNE !

On commence, début 1989, à fêter le bicentenaire de la Révolution. Mais, pour beaucoup de catholiques, la Révolution s'appelle Jacques Gaillot. Depuis qu'il a pris publiquement ses distances avec l'épiscopat, en 1983, à propos de la force de dissuasion, il est devenu l'évêque multimédia, l'enfant chéri de la presse. Pas une radio où il ne soit intervenu, pas une télé qui ne l'ait invité, peu de quotidiens où il n'ait lancé son message évangélique et contestataire. Sans compter le courrier : des milliers de lettres, toutes lues, autant d'articles, de documents, de pétitions... À faire crever de jalousie les responsables politiques qui, à coups de communiqués, d'attachées de presse, de messages, de petites phrases préparées par d'inusables équipes de la communication, s'échinent à exister ou à faire parler d'eux. À faire peur aussi, tant les réactions négatives – bien que minoritaires – se font agressives, menaçantes. « Dehors, Gaillot... À mort », disent les graffitis.

Les anathèmes pleuvent : Monseigneur Gaillot est l'un des adorateurs de la Bête « qui profère des immondices et salit le nom de Dieu ». Une pétition remise au pape porte le titre ambigu de « Nous ne lâcherons pas l'évêque Gaillot ». Pour les traditionalistes, c'est l'homme à abattre. À abattre : comment prendre le mot ? Sans dramatiser, en cette période de restauration, est-il absurde d'imaginer quelque excité, quelque fanatique qui ferait la peau à l'évêque rebelle ? Un groupe de lycéens qui souhaitait le rencontrer pour approfondir le débat sur les droits de l'homme le met en garde. Ses amis aussi, inquiets des alertes à la bombe reçues par téléphone à l'évêché. Le maire communiste Roland Plaisance, qui ne cache pas son admiration pour le défenseur des déshérités, nous le confiait : « Il finira par se faire dégommer. Peut-être, un soir, en rentrant seul chez lui. »

L'ancien professeur au séminaire n'est pas, lui, inquiet, mais étonné quand nous lui avouons la haine qu'il suscite. Ou l'intérêt qu'il provoque. Lui qui peut manquer le voyage à Lourdes avec ses fidèles pour soutenir Albertini vient de créer le pèlerinage à Évreux : la procession des journalistes qui sonnent à l'évêché en quête d'une interview. Sans compter ceux qui prient... l'évêque d'Évreux d'accepter une invitation à leur émission. L'idolâtrie des médias pour lui ajoute à la fureur des opposants.

À la violence des réactions, il répond avec ce sourire qui désarme et exaspère ses adversaires : « Je pose des questions, sans la moindre agressivité, je ne comprends pas la haine ; tout ce que je dis est précisément pour la combattre. » Il est si doux, si serein, l'évêque d'Évreux, il rayonne d'une telle gentillesse. Vraiment pas facile à classer : toujours heureux, parfaitement flegmatique. Ses amis le comparent facilement à Monseigneur Riobé, qui menait il y a dix ans la contestation sur les mêmes sujets. Autant Guy Riobé était coléreux et affecté dans sa chair par les critiques pourtant plus bénignes, autant Jacques Gaillot conserve toute sa sérénité. Comme si les attaques les plus violentes glissaient sur lui sans trouver la moindre prise, comme s'il était inaccessible. Comme si, la parole dite, l'oracle prononcé, il dominait tellement la mêlée que les éclats de voix ne lui parvenaient qu'atténués, filtrés, amoindris par la distance. « Moi qui suis athée, nous confiait le maire, je l'imagine volontiers avec deux petites ailes, toujours prêt à voler au secours de ceux qui en ont besoin. »

Un ange ? Sûr que ce n'est pas le portrait que tout le monde fait de lui. Un ange qui lance deux bombes simultanées au début de 1989. Il donne une longue interview dans *Lui,* tandis que *Gai Pied* publie un texte signé de l'évêque d'Évreux et intitulé « Être homosexuel et catholique » ! Tout le monde ne réagit pas comme ce prêtre chargé de la formation continue de ses collègues : « On a vu des évêques échanger *Lui,* le journal apparaître sous ou sur la table des conseils épiscopaux, tout le public catho échanger le magazine érotique sous le manteau. » Choisir de s'exprimer la même semaine dans la presse libertine ou homosexuelle passe pour une nouvelle provocation.

Énorme, celle-là. Deux gouttes d'eau profanes qui font déborder – exploser peut-être – les bénitiers !

Après la trahison, le scandale. Il n'y a pas que l'évêché d'Évreux qui reçoive du courrier, la nonciature aussi ! Le chrétien traditionaliste, celui qui n'a jamais bien compris – ou bien digéré – Vatican II, est ulcéré. « Vous avez lu ce qu'il écrit dans *Lui* ? » s'écrie-t-il. Et pourtant… les a-t-il lus, les articles ? Sans doute pas. Il n'y aurait probablement pas bu du petit lait, mais il n'aurait pas décelé de nouveaux « blasphèmes » ni discerné de nouvelles « désertions ». Jacques Gaillot y synthétise sa pensée, y résume les combats qu'il mène depuis six ans. Rien de plus : son itinéraire, l'Évangile, l'école, la paix, le cléricalisme, la liberté, les exclus, les mœurs… Avec ce rapprochement : « Le commerce des armes m'effraie plus que la liberté des mœurs. » Et avec cette naïveté, cette modestie, ce naturel dont on se demande toujours jusqu'à quel point ils sont réels : « Cela m'attriste que l'on pense cela [que je sois un provocateur et un diviseur]. Je dis souvent que l'on parle trop de l'évêque d'Évreux mais pas assez souvent des questions qu'il pose. Dans *La Dernière Tentation du Christ,* ce qui m'intéresse, ce n'est pas le film mais la question qui est posée sur le Christ. C'est vrai que je suis surpris des réactions de violence, de haine et de méchanceté que je peux susciter. C'est pour moi un étonnement perpétuel : je n'ai pas été habitué à cela[1]. »

L'évêque le plus médiatique de France tient absolument à le préciser ; chacun peut d'ailleurs le

1. *Lui,* janvier 1989.

vérifier : c'est lui qui a été sollicité par les deux rédactions. Et non le contraire. Peu importe, « c'est une erreur pastorale. Ça désarçonne les gens », lui objecte Monseigneur Decourtray, primat des Gaules, en quelque sorte son supérieur hiérarchique immédiat. À quoi notre interviewé objecte : « Il n'y a pas d'exclus de l'Évangile. L'Église doit accepter de se salir les mains. » Prendre des risques, c'est parler « avec ceux dont l'Église est loin, sans approuver systématiquement leur comportement ».

Comme le disait un gardien de prison lecteur assidu de *Lui* : « L'évêque vient en prison, pourquoi ne viendrait-il pas dans *Lui* ? » Faut-il moins parler aux amateurs de nymphes dévêtues qu'aux détenus ?

Quant aux homosexuels, il n'en est pas à sa première prise de position contre la discrimination dont ils sont victimes dans la société et dans l'Église.

« Il arrive que des personnes homosexuelles demandent à me voir à l'évêché. Je les reçois toujours. Celui qui n'accueille pas peut-il se réclamer de l'Évangile ? Mais l'accueil ne se réduit pas au simple fait d'accorder un rendez-vous. Il s'agit d'accueillir sa demande et surtout ce qui fait l'ensemble de sa vie.

« Je pense à l'un d'eux que j'appellerai pour la circonstance François. Il n'a pas choisi de devenir homosexuel. Il est jeune, catholique, très engagé dans le domaine des droits de l'homme et de la paix. C'est un homme qui se bat. Je suis frappé de sa recherche spirituelle, de sa qualité évangélique et de son sens des pauvres.

« François est disposé à prendre une place dans l'Église et à y tenir un rôle. Le pourra-t-il ? Face à l'intégrisme et à l'intolérance, ne fait-il pas déjà partie des exclus ? François se heurte aux mentalités bétonnées qui l'enferment dans des catégories honteuses. Il y a un sectarisme qui tue. Il n'y a pas seulement les armes... Il n'est pas facile aujourd'hui pour des personnes homosexuelles d'être responsables dans l'Église, à visage découvert[2] ! »

Le lendemain, l'article de *Gai Pied* reparaît dans un quotidien que nul ne songerait à qualifier de marxiste ou d'apostat : *La Croix*. Preuve sans doute que la provocation – le terme supposerait la préméditation –, si elle existe, vient exclusivement du média choisi et non du contenu. La réponse du coupable, qui mérite plus ample analyse, revient chaque fois comme un métronome : « Je m'adresse d'abord aux non-chrétiens. » Ou bien : « J'aime aller sur d'autres rives, rejoindre des publics que je ne rencontre pas habituellement. »

Et pourquoi s'adresser à eux dans la presse bien-pensante ? Aucun intérêt. Aussi préfère-t-il écrire dans *Lui* que dans *Le Pèlerin* : un point de vue que comprend parfaitement son ami le maire qui échangerait avec Jacques Gaillot *La Croix* contre *L'Humanité* : « Qu'il réponde dans *Lui* me paraît parfaitement logique. J'y écrirais volontiers si on me le proposait. De toute façon, il irait n'importe où pour défendre sa vision de l'Évangile. » À quoi Jacques Gaillot fait écho : « Pour *Lui,* les gens comprendront que je doive

---

2. *Gai Pied,* février 1989.

m'exprimer dans des revues qui ne sont pas sur les présentoirs de nos églises ! »

Se rend-il compte, ce faisant, de la rupture qu'il crée parmi les chrétiens de son propre diocèse ? Il ne l'ignore pas, mais la sous-estime. D'autant que les limites de sa circonscription ecclésiastique reculent sans cesse. Les milliers d'encouragements qu'il reçoit, les signes qu'il perçoit l'inclinent à poursuivre dans la voie du prophétisme. Même si, comme le résume un de ses proches, « être prophète et responsable d'une organisation, c'est contradictoire ». À l'heure de la personnalisation médiatique, mieux vaut être responsable d'organisation pour être un prophète entendu ! Et le titre d'évêque sonne étrangement fort aux oreilles du chrétien de base ou du citoyen moyen. Et cela, Jacques Gaillot, qui tient si peu à cette appellation respectueuse de « Monseigneur l'évêque », l'a vite remarqué. Quitte à en user quand cela peut lui profiter.

À ses adversaires, il répond par des propositions permanentes de dialogue. Public ou privé : venez me voir, parlons... Quand ils acceptent la rencontre, ils ne viennent qu'une fois. L'homme joue de son charme, d'une séduction qui dissipe les colères les plus venimeuses. Jacques Gaillot ne convainc pas toujours, mais désarme. Une espèce de force tranquille brise les résistances de l'adversaire. Comment rester sectaire face à un homme qui écoute avec modestie, comment vitupérer quand on vous laisse parler avec tant d'humilité ? Le récalcitrant s'en retourne d'abord penaud. Puis, les griefs surgissant de nouveau à l'occasion d'une nouvelle « frasque » de l'évêque, se répand le sentiment désagréable d'avoir été roulé par plus roublard. La sensation d'avoir lâché son fromage pour une chanson...

Les remous, voire les tempêtes ne l'inquiètent pas. « Je souhaite seulement que les gens ne se braquent pas, que chacun puisse écouter. Je suis sensible aux oppositions que je peux alimenter. Peut-être que je ne tiens pas assez compte des résistances... » Peut-être : toujours cette humilité si mal supportée par ses adversaires et qui cache une volonté de suivre quoi qu'il en coûte le chemin tracé : « Il poursuit quelque chose, mais que les autres suivent ou pas ne le détournera pas de sa route. » Humilité, volonté, obstination, voire entêtement. Le flegme peut se transformer en autoritarisme froid. Ne lui arrive-t-il pas fréquemment, pour mettre fin à un débat au sein de son conseil presbytéral, d'annoncer froidement : « De toute façon, j'avais décidé que... »

Même plus fielleuses ou plus ordurières, les apostrophes n'entament pas cette placidité à toute épreuve. Cette indifférence étonne jusqu'à ses proches – on allait écrire « ses amis », mais Jacques Gaillot se confie si peu qu'on ne sait si ses proches sont bien ses amis. Il manifeste si peu d'affectivité, de passion, il paraît si quiet, si serein qu'on se demande parfois s'il est charnellement engagé par ce qu'il dit. Nul doute qu'il adhère au message qu'il délivre, mais cette froideur donnerait parfois à penser qu'il joue un personnage. Sa sérénité, sa gentillesse, qui n'ont jamais le goût onctueux ou sucré rencontré chez nombre de ses collègues, ajoutent parfois à cette impression de distanciation.

Toute personnalité renferme des zones d'ombre dont aucune exploration ne vient à bout. « Quand je lui demande s'il vit bien, s'il souffre, il ne répond pas, il ne veut pas partager cette question avec nous », nous confie l'un de ses proches collaborateurs. Comme si le problème ne se posait pas ou ne regardait que lui. Comme s'il n'avait jamais besoin du secours de personne, lui si prompt à secourir. Le malaise crée parfois chez ses proches un sentiment d'inégalité, d'émotions mal partagées, d'amertume.

Autre zone d'ombre : comment l'homme d'appareil appelé à l'évêché d'Évreux devient-il le contestataire patenté, voire le porte-parole reconnu aujourd'hui par la fraction progressiste de l'Église ? Comment l'homme de dossiers apparaît-il maintenant comme l'évêque le plus médiatique de France ? Comment l'enfant de chœur docile et timide, le professeur discret sont-ils devenus Monseigneur tous azimuts ?

Le professeur était un excellent pédagogue, le vicaire général savait encourager les vocations ou les responsabilités. Une indiscutable capacité d'analyse jointe à un sens de la communication fournit un bagage utile, mais pas suffisant. Ajoutons-y une résolution annoncée très vite à son entourage et qui tient en deux commandements. Primo, un précepte déjà rencontré : l'Église est faite en priorité pour ceux qui n'y sont pas. Secundo : les médias constituent un canal privilégié d'évangélisation. Voilà pour le bréviaire !

Quand on l'interroge, notre évêque commence sur le registre du devoir : « Je le fais parce que c'est indispensable. Parce qu'il est des situations qui exigent une parole forte. Parce que les laissés-pour-compte sont aussi des sans-voix. » La sienne, toute douce et faible soit-elle, porte loin ! Et d'ajouter, avec un sourire malicieux qu'on prendrait cette fois pour un clin d'œil : « Je peine à écrire, à parler... Je n'ai pas un tempérament à monter au créneau. Je m'étonne moi-même. » Cette dernière remarque revient souvent dans les confidences, elle a toujours sonné, aux oreilles de l'observateur, avec beaucoup de spontanéité et de sincérité. Comme le vertige qui saisit l'alpiniste néophyte qui se retourne brusquement sur le chemin parcouru.

« Quand on est prêtre, on peut avoir des idées, des objections, ça n'a pas beaucoup d'importance. Ou plutôt de conséquences. Évêque, on est confronté à des demandes précises auxquelles il faut répondre. » Une grève, un procès, une menace d'expulsion ? On demande l'avis de l'évêque : Jacques Gaillot estime qu'il doit répondre, qu'il doit manifester aussi tout haut ce que « son peuple » dit tout bas. Ce que d'autres évêques font rarement, même en se gardant de diverger trop de la doctrine officielle. Il intervient de plus en plus souvent sans se soucier d'être conforme aux positions de l'Église. Et l'appétit paraît s'être aiguisé, à la table des médias : « Il n'y avait de ma part aucune tactique préméditée. J'ignorais il y a six ans comment j'allais aborder mon rôle... » Se taire, il nous l'a dit à propos du sida et des préservatifs, ressort parfois de la non-assistance à personne en danger.

Et si cette frénésie des médias à l'interroger cessait ? Il n'en serait pas mécontent, nous confie-t-il. Doutons-en... doutons aussi, mais avec lui cette fois, qu'il eût pu devenir évêque si on avait imaginé comment il interpréterait sa mission. Le dixième seulement des « frasques » commises l'aurait rangé au nombre de ces « ourlouberlous » dont le nonce paraissait avoir extirpé le fantôme. Les évêques gèrent leur diocèse avec frilosité ou diplomatie. À la manière d'un sage employé de bureau en lustrines, d'un sous-chef de rayon ou d'un notaire régisseur des âmes et des biens. Cette administration-là, pour Jacques Gaillot, ne présente aucun intérêt, n'assure aucun avenir à l'institution et moins encore aux idéaux de paix ou de justice qu'il faut promouvoir. Si la place de l'Église est dans l'église, si l'évêque se cantonne au rôle d'un notable même irréprochable, il n'est que le comptable d'une situation qu'il faut au contraire dépasser. Le fonctionnaire de Dieu…

Et dire une parole, c'est s'adresser à un public qui ne vit plus à l'époque des diligences ou de la machine à vapeur. Notre société est entièrement sécularisée et notre évêque ne le regrette pas. L'Église, pour lui, mal guérie de la Révolution, peine toujours à trouver sa place dans le monde moderne.

Et cette société-là, si elle ne se réduit pas (encore) aux médias, leur donne une place prépondérante. Plutôt que de se laisser cantonner à la sacristie, l'Église doit donc utiliser ces canaux-là. Rapidement et sans réserve.

L'évêque d'Évreux n'y était pas plus préparé qu'un autre. Son physique le desservait. Son inexpérience aussi. À son entourage qui le pressait de rencontrer des spécialistes pour mieux utiliser les médias, bref, de prendre quelques cours, il a toujours opposé un refus aimable mais sans appel. De même, il s'est soucié comme d'une guigne des intérêts politiques ou financiers dissimulés derrière tel ou tel média.

« Je ne veux pas être un professionnel »... Le voilà en tout cas interlocuteur privilégié. Pas seulement parce qu'il apparaît différent ou marginal, mais parce que le discours passe. Parce qu'il sait parler des problèmes de tout le monde avec le langage de tout le monde. Des phrases courtes, des préoccupations banales, des paroles claires. Les messages sont aux antipodes du langage ecclésiastique codé, réservé au sérail. Rien à voir avec la langue de buis des clercs.

Les questions qu'il pose, « ce sont les problèmes de notre monde : la paix et l'armement, le racisme sous toutes ses formes, dans le monde et en France, l'écrasement de certaines minorités, l'école et sa place dans la société, les grandes questions posées par les découvertes de la biologie, les grandes questions éthiques... Une parole libre, claire, sans faux-fuyant, appuyée sur l'Évangile, rejoint en direct beaucoup d'hommes et de femmes qui manquent de repères. Elle les touche au sens profond du mot... c'est de l'oxygène qui rend la capacité de vivre et l'espoir en de nouveaux printemps... Les gens et les choses sont appelés par leur nom, sans détour, avec les risques que cela comporte[3]. »

Sa recette ? La volonté – ou le goût – de communiquer, l'accessibilité du message, le refus de se cacher

---

3. *Il est une foi,* avril 1989.

derrière les encycliques, paravents de tous les immobilismes.

Jacques Gaillot n'est cependant pas naïf au point d'ignorer toutes les conséquences de ses incartades. S'il ne calcule pas toujours, s'il reçoit presque tous les médias, s'il ne mesure pas les ultimes conséquences de ses interventions, il sait que ce sont autant de pavés jetés dans les bénitiers : « D'ailleurs, je ne sais pourquoi je vous ai accordé cette interview : ça va encore jaser... » conclut-il avec une pointe d'humour dans *Lui.* Les conséquences des premières provocations auraient pu affaiblir sa détermination. Elles l'ont en fait renforcée. Le bonhomme est plus décidé que jamais à suivre son chemin. En solitaire.

Il consulte peu son entourage sur l'opportunité de répondre à telle ou telle sollicitation. S'il le fait, c'est accidentel, au hasard d'une rencontre. Lui demande-t-on de participer à « Lunettes noires et nuits blanches », une émission de télé ? Il se trouve avec deux interlocuteurs qui le lui déconseillent. Seul, il aurait accepté ou refusé dans l'instant.

Pourquoi décider si souvent seul ? Il avoue sa méfiance pour les décisions de ce type élaborées collectivement : « Si je consulte tout le monde avant une intervention, je ne dirai plus rien. Il y aura toujours de bonnes raisons pour différer, pour attendre. » Il sait bien que, pour enterrer un problème, le mieux est de créer une commission. Cette vieille recette des politiques lui fait penser aux assemblées épiscopales...

Réagir quinze jours après l'événement ne présente plus aucun intérêt. Le recul, la distance qui facilitent la méditation n'ont pas cours dans les médias. Tout de suite ou jamais : célérité fait loi. Il faut réagir à l'événement sans reprendre son souffle, sans entendre un conseil. Prendre des risques : Jacques Gaillot aime. Faire un tour de table pour entendre les conseils : on n'a pas vraiment le temps et Jacques Gaillot aime moins.

« La télé, c'est immédiat. Je suis tout de suite sur le front… seul. Je n'ai pas le temps de négocier. »

Seul. Il n'y a à l'évêché ni service de presse, ni responsable de la communication, pas de véritable filtre entre la star des médias et les demandeurs. Une aubaine pour les journalistes ! Quand éclate, en mai 1989, l'affaire Touvier – l'Église a protégé le chef de la milice et pourrait être éclaboussée –, on se rue sur l'évêché. Jacques Gaillot rentre en voiture le soir. Sœur Marie qui tient la maison le prévient : « Vous n'aurez pas deux minutes avant que la 2 et la 5 ne rappellent, sans compter les autres. » Pour Jacques Gaillot, le droit d'asile ne saurait soustraire indéfiniment à la justice un homme convaincu de crimes contre l'humanité. Il préfère improviser sur un dossier qu'il ne connaît pas particulièrement. En général, et en particulier pour l'affaire Touvier ou la guerre du Golfe, il s'en sort bien.

Pourquoi répondre avec la même précipitation quand il s'agit d'un mensuel, *Globe* ? Il fallait commenter, dans le magazine de la gauche branchée, un sondage sur le comportement sexuel des Français. Avec des questions du type : « Préférez-vous que votre conjoint vous trompe avec un homme ou une femme ? » « Qu'est-ce qui vous empêcherait d'avoir une expérience homosexuelle ? » Face aux réponses des sondés, un seul commentaire : celui de l'évêque d'Évreux. Était-ce utile de commenter seul un sondage qui concernait aussi, c'est vrai, l'homosexualité ? « Il s'agissait d'une enquête... anodine. Pas besoin d'être compétent », nous répond-il.

Le petit enfant de chœur choyé est devenu l'enfant chéri des médias : « Ils me demandent, je ne peux pas refuser. » Même si ce sont effectivement les médias qui sollicitent l'évêque, la fascination est réciproque. Le plaisir de répondre le dispute au besoin de témoigner. S'il est convaincu que le mutisme de l'Église joue contre elle, qu'il faut réagir, il est aussi tombé sous le charme de la presse et de la télévision. L'évêque d'Évreux est amoureux... des médias. On nous l'a plusieurs fois conté : l'arrivée d'un journaliste dans une réunion agit comme un baume. Le voilà ragaillardi, léger, prévenant, le visage plus éclairé que jamais par un large sourire. La connivence apparaît immédiatement entre l'homme de plume et l'homme de foi.

« L'Église doit trouver des moyens nouveaux pour intervenir dans le débat de société ! » répète souvent notre prince des médias. Est-ce péché si l'utile se mêle à l'agréable ? Vedettariat ? Il prend plaisir à répondre, il aime ce jeu quoi qu'il en coûte. Il est seul dans sa situation. Peut-être l'attrait pour les médias en est-il renforcé. Qu'il ait une tendresse particulière pour les journalistes, il le reconnaît volontiers.

À côté de lui, on craint la banalisation du phénomène : « Il ne sait pas refuser. À répondre trop souvent à la télé et dans la presse, il risque de s'user, d'ennuyer une opinion aussi vite lassée que séduite. » Son entourage tendrait plutôt à calmer l'ardeur médiatique du prélat pour qu'il conserve l'impact et le crédit dont il bénéficie toujours, douze années après le premier coup de semonce. Monseigneur Lustiger, dont il est la bête noire, le lui avait dit : « Gaillot, méfie-toi des médias ! » L'évêque cathodique en sait les risques et les avantages. « Le plus difficile est de savoir quand se taire et quand parler. Non, je ne confesse pas de péchés médiatiques », souligne-t-il au plus fort de la crise, en 1994. Pas facile pourtant de refuser, puisque « communiquer c'est vivre ». « Invité à l'émission "Frou-frou", qui n'est pas du goût de tout le monde, j'ai pu parler des immigrés et des lois Pasqua. »

Et puis, si la majorité des médias suscite ou accueille ses déclarations avec curiosité ou intérêt – par goût du scandale parfois –, certains ne demandent qu'une chose : qu'on fasse taire l'évêque scandaleux !

Les pires journalistes sont pour Jacques Gaillot ceux qui le font parler sans jamais l'avoir entendu. Des articles confectionnés sans que l'évêque ait rencontré quiconque l'agacent. Il y voit deux inconvénients : un manque d'honnêteté, une occasion perdue d'expliciter ses positions et d'exercer sur son hôte ce charisme si particulier à base de douceur, de sérénité et d'humilité. Ses handicaps physiques et psychologiques, il les a retournés en avantages. Son registre à lui, c'est la confidence, la tolérance flegmatique.

Le Figaro clouerait volontiers au pilori l'évêque d'Évreux. Qu'il ne l'aime pas n'est guère surprenant ; Jacques Gaillot, lui, préfère la presse de gauche. Un bruit courait à Paris : le ministre de la Défense, Jean-Pierre Chevènement, proposait au prélat un poste de conseiller à son cabinet. *Le Figaro* se renseigne à l'évêché. Réponse : « C'est un canular, on ne m'a rien proposé. Si c'était le cas, je vous préviendrais. » On n'a rien proposé à l'évêque d'Évreux, mais *Le Figaro* a tout de même annoncé la nouvelle !

S'ils savaient, les journalistes, à quel point leur interlocuteur se comporte mal à leur égard, ou au moins envers les fruits de leur travail ! Comme il leur rend parfois mal la monnaie de leur pièce ! Combien d'animateurs d'émissions télévisées lui remettent la vidéocassette... Il les empile soigneusement sur une étagère de ce vaste bureau qui donne sur le parc : il regarde rarement la télé à l'évêché. Un film policier parfois. Il la voit surtout au hasard des pérégrinations chez ses paroissiens. Ses adversaires le peignent parfois narcissique. Ce narcissique-là perd peu de temps à se contempler dans les étranges lucarnes : la télé n'est pas son miroir favori. Quand un journaliste l'invite, Jacques Gaillot se renseigne sur l'émission... qu'en général il ne connaît pas.

Que les radios s'inquiètent également ! Il n'allume pas si souvent son transistor. La presse écrite est assurément mieux lotie. Abonné surtout à des journaux religieux, il achète souvent *Libération, Le Monde, Le Monde diplomatique, Témoignage chrétien* et quelques magazines. Sa préférence, on s'en doutait, va à la presse de gauche. « J'ai souvent à peine le temps de parcourir les journaux que j'achète. Je lis peu. J'en ai parfois honte... » Une carence peut-être, pour un homme qui baigne à ce point dans le siècle. Il cherche à la compenser par une grande curiosité. S'il lit peu, il rencontre des gens qui lisent. S'il théorise rarement, il est soucieux de rencontrer des philosophes, des théologiens, en particulier ceux qui accompagnaient Riobé… C'est le temps qui manque le plus dans la vie tourbillonnante qu'il a choisie.

Il a tout de même économisé un peu de temps pour lire Mauriac, Yourcenar, Teilhard de Chardin. Il s'est procuré des ouvrages sur… la laïcité, la Révolution française, les rapports Nord-Sud, mais a abandonné tout un champ de lecture : ce qui concerne la vie de l'Église. Faute de temps ?

L'actualité le préoccupe. Locale ou nationale, elle est bien sûr le levain de ses interviews. Pour l'évêque aux deux diocèses, le champ d'inspiration et d'intervention est double : Évreux et le reste du monde.

Dans la ville, il dispute la vedette aux notabilités locales. Il arpente le terrain autant que le maire Roland Plaisance et bien plus que le distant député RPR Jean-Louis Debré. Les relations avec le premier sont autrement cordiales qu'avec le fils de l'ancien Premier ministre. Au club de la presse d'Évreux, en 1989, l'évêque fait salle comble. Le public n'est pas le même qu'à la cathédrale, mais les trois cents places assises ne peuvent accueillir que la moitié de l'assistance. La plupart des questionneurs le tutoient, il n'esquive aucune question, y compris sur Roland Plaisance, premier magistrat communiste guère en odeur de sainteté dans son propre appareil : « Nous avons à Évreux un bon maire. » Le « bon maire » prononcé là n'est pas le meilleur moyen de se rapprocher des catholiques les plus récalcitrants, même assorti d'un « je dis seulement ce que je pense, rien de plus ». Le public, pour l'essentiel la gauche locale, sort enchanté, avec Gaillot, des réponses simples, claires, expurgées de toutes les scories de la langue de bois.

Quelques jours plus tard, dans un contexte différent, il fait merveille. Autre public, autre registre. Ceux qui ont fondé la JAC (Jeunesse agricole chrétienne) fêtent le cinquantenaire de la naissance de l'organisation. Des septuagénaires à qui l'évêque fait plutôt peur. Si on l'invite à souffler les cinquante bougies, il risque de souffler aussi, comme d'habitude, sur le feu de la contestation. Par ailleurs, un tel rassemblement de chrétiens dans l'Eure, sans l'évêque d'Évreux... paraîtrait incongru. Comment marier conservatisme et légitimisme ? On s'accorde finalement sur un étrange compromis : il viendra, dira la messe, mais ne parlera pas.

La messe est la plus anodine qui soit. Jacques Gaillot se borne à une seule phrase de conclusion : « Je sais que vous ne souhaitez pas que je parle, je ne parlerai pas. Me permettez-vous quelques gestes ? » Et le voilà transformé en mime. Le public, amusé, bascule de son côté. « Je peux risquer une seconde phrase ? » On est prêt à tout lui concéder : « Si vous, vous parliez, je n'aurais plus rien à dire. Parlez... et je me tairai ! » Dans un milieu plus chrétien, donc (paradoxalement) plus difficile pour lui, plus méfiant, il a convaincu.

Cette exhortation-là, il en a fait presque sa devise. Il supporte mal une Église qui ne serait que rites et coutumes, un troupeau qui attendrait de l'encadrement des leçons de bien-penser. Le clergé n'a plus pour mission de penser à la place des chrétiens. « Je veux donner le goût de la prise de parole. » Une manière d'excuser et de justifier son interventionnisme ? Une proposition que ses paroissiens ne suivent pas assez à son goût.

Au moins la presse locale ne s'ennuie-t-elle pas avec l'évêque. Finies les déclarations lénifiantes, les reportages et les photos interchangeables d'une année à l'autre !

Pour les médias nationaux, l'absence de langue de bois, la clarté et la modestie composent un cocktail rare. Qu'il s'agisse d'un responsable politique ou ecclésiastique, les ficelles sont toujours semblables, même si le ton du second est plus mielleux : même science infuse, même sûreté de soi, même habileté à biaiser, à s'abriter derrière des motions ou des encycliques. Raison d'État, raison de parti, raison d'Église : mêmes bourbiers.

Quand Lustiger intervient, il faut qu'on sache qu'il sait ; il détient *la* vérité de l'Église, la seule. Cardinal-archevêque de Paris, il est autorisé à dire, il est l'autorité. L'évêque d'Évreux ne rougit pas de manquer d'arguments ou d'hésiter sur la conduite à suivre, devant nous ou face aux médias. Une attitude de modestie, un parfum de liberté qui le distinguent de la classe médiatique et qui, en dernière analyse, peuvent jouer en sa faveur devant les téléspectateurs. « Enfin un homme modeste, pas sûr d'avoir toujours raison ! » Lui-même aime à répéter – suprême habileté, diront ses adversaires : « Je peux me tromper, je n'engage pas l'Église universelle, je cherche... »

Les débats sont plus difficiles pour Jacques Gaillot, plus incertains que les interviews. Prendre la parole, dans tous les sens du mot, n'est pas toujours aisé entre un Bernard Tapie, un intégriste fanatisé et un animateur bavard. Le sourire, la parole prophétique ne suffisent plus. Entrer dans le débat face à un contradicteur rugueux est plus difficile que délivrer une parole, rendre un oracle. Le prince des médias touche là une de ses limites. Il lui faudrait prendre une grosse voix et taper du point sur la table. N'est pas Danton qui veut !

Mieux vaut de toute manière ne pas changer d'image médiatique en cours de route. Le public ne l'accepte pas : à la télé, la tricherie est un suicide. Jacques Gaillot confesse parfois qu'il parle trop. Un matin, son vicaire général lui proposait avec humour une devise tirée de l'Évangile et taillée sur mesure pour le « patron » : « Surtout ne dis rien à personne ! »

« Pas facile de gérer la parole », avoue l'évêque d'Évreux. Pour ajouter aussitôt : « Ceux qui espéraient un évêque de sacristie qui parle de fidélité et de chasteté seront toujours déçus. »

« Au début, beaucoup n'ont pas pris l'évêque d'Évreux très au sérieux. Un naïf qui serait vite piégé... » souligne un de ses collaborateurs. Une apparence de naïveté : « Un prophète qui utilise à merveille la méthode léniniste : deux pas en avant, un pas en arrière. » C'est le maire communiste qui parle.

Si peu calculateur soit-il, le prélat sent mieux les risques des médias. Jusqu'à son éviction, en 1995, il alterne le meilleur et l'ordinaire, mais sans regret. Un peu plus de prudence évite parfois les porte-à-faux ou les imprécisions du direct. L'expérience acquise ne remplacera pourtant jamais la qualité maîtresse de l'évêque d'Évreux : être soi-même, loin des poncifs et des puits de science.

Jacques Gaillot mesure, notamment lors des crises de 1989 ou de 1994, le pouvoir que les médias lui confèrent : « L'opinion publique me protège de mes adversaires de l'Église. Ça me sert. Gaillot est un peu intouchable. » Paroles de naïf ?

Les médias peuvent aussi reprendre le pouvoir qu'ils donnent. Et plus vite que le suffrage universel.

CHAPITRE 7

L'ÉVÊQUE AUX FRONTIÈRES

Qu'est-ce qui fait courir l'évêque d'Évreux ? Pas très sportif – de son propre aveu –, il ne cesse pourtant de courir : un marathonien condamné sans cesse au grand écart ! Concilier les tâches habituelles de l'évêque, augmentées de toutes celles qu'il estime de son ressort, donne, à l'arrivée, un véritable emploi du temps de ministre. Un coureur de fond qui ne reprendrait jamais son souffle ! Un soir de juin où nous dînions ensemble, nous cherchions un rendez-vous commun pour un dernier entretien en juillet, un mois creux. Impossible ! Entre les missions, les émissions, les réceptions, les manifestations, les rencontres, baptêmes, visites aux paroisses et aux équipes, l'hôpital, la prison, les droits de l'homme… dans l'Eure ou aux six coins de l'Hexagone… il ne restait plus rien que deux ou trois quarts d'heure dérobés aux uns et aux autres pour quelques photos.

En trente jours, pas un seul des quatre-vingt-dix repas réglementaires ne sera pris seul. Pas un steak-frites à savourer dans la quiétude en goûtant Mozart, un déjeuner où l'esprit vagabonde, les projets s'échafaudent et les bilans se tirent. Reste-t-il à la méditation des instants cachés ? Sauve-t-il quelques quarts d'heure pour se sauver ? On en doute. Ou bien ces minutes-là sont comme les plus courts articles des journaux : des brèves. « Je me réveille souvent en me demandant où je suis. Il me faut bien deux minutes... » Lui qui se demande déjà souvent qui il est !

Le train était au début le meilleur refuge, une heure entière de solitude entre Évreux et Paris. C'est fini : sur le quai de la gare ou dans son wagon de seconde classe, il est toujours reconnu. Père Gaillot... Jacques... Monseigneur... Des compagnons de voyage s'annoncent. Il ressent aujourd'hui cette impression d'être suivi partout.

« Voyagez côté couloir, en plaçant votre cartable sur le siège d'à côté et paraissez complètement absorbé par le livre que vous lisez. Dans la gare, jouez de votre petite taille, cachez-vous ! » La recette proposée par un ami ne lui convient pas. Il nous l'a déjà dit : l'évêque appartient à tout le monde. Jacques Gaillot en vient pourtant à préférer la voiture, qui laisse plus de temps à la réflexion. À condition qu'il ne s'arrête pas pour transporter des auto-stoppeurs. L'évêque leur appartient aussi.

Non, il n'a vraiment pas une mentalité de trappiste, l'évêque d'Évreux. L'isolement ne lui pèserait pas, mais il ne le recherche pas. Il aime le monde plus que la solitude. Il lit sûrement son bréviaire tous les matins et dit le soir quelques prières – on le voit parfois nuitamment à la cathédrale –, nous voulons bien le croire, mais il doit s'agir, comme ces aliments préparés au micro-ondes en un clin d'œil, de potions instantanées, de prières minute.

La journée de l'évêque d'Évreux, nous la connaissons déjà. Il n'y a pas d'emploi du temps ordinaire. S'il n'est pas tous les jours à la conférence épiscopale, en prison ou en Afrique du Sud, s'il ne défile pas quotidiennement, son activité est multiple. Activité ? Activisme, frénésie, diraient certains.

Des journées de douze, de quinze heures : la puissance de travail de Jacques Gaillot paraît sans limite. « Cet homme-là ne se plaint jamais, observe un de ses compagnons, n'est jamais fatigué, apparaît chaque matin avec une fraîcheur, une disponibilité renouvelées. » Pas la moindre faille, un roc ! Personne ne l'a entendu évoquer un problème de santé qui, un jour seulement, l'ait obligé à ralentir le rythme. Le courrier occupe, à certains moments, une place importante : il se fait un devoir de répondre à toutes les lettres signées. Il faut y mettre de l'abnégation, pour réagir à certaines correspondances injurieuses ou vulgaires... qui le laissent imperturbable.

Le prélat rédige aussi beaucoup lui-même. Des éditoriaux, des contributions, des réponses à des questions venues parfois de loin, des livres. Les années passant, s'il délègue parfois la rédaction, il donne oralement ses arguments et vérifie la copie définitive. « Il y consacre trop de temps, il ne pourra longtemps être l'évêque aux frontières, susciter toujours plus de réactions, donc de courrier, et y répondre ; il aura beau se lever toujours plus tôt... »

Le métier de scribe ne lui déplaît pas. Vicaire général, il était d'abord un fonctionnaire. Mais le terrain a maintenant sa préférence. Avec ce charisme bien à lui, où la naïveté le dispute à la curiosité, il excelle dans les contacts humains. Son succès avec les journalistes le prouve, Jacques Gaillot est un être éminemment, essentiellement social. On l'imagine parfaitement, dans une autre vie – après résurrection ou réincarnation –, animateur de maison des jeunes ou adjoint au maire chargé des affaires sociales. Une piste peut-être, quand, lassés de ses « frasques », ses supérieurs lui demanderont d'aller exercer ses talents ailleurs...

Jacques Gaillot est prêt à aller partout. Et les invitations s'amoncellent. Il est évêque, il est connu. Adhérent d'Amnesty International et du mouvement contre l'apartheid, on le réclame. Il apporte son soutien à la Ligue des droits de l'homme, au Mouvement d'action non violente, à SOS-Racisme. Il participe à quelques-unes de leurs manifestations. Pour les déplacements, le temps manque, bien sûr. Mais il n'y a pas que le temps qui manque. Jacques Gaillot est à la fois demandé et... indésirable.

Partons avec lui pour Toulouse. À condition de se presser. Il s'y arrête quatre heures, bref intermède entre deux trains. La FOL (Fédération des œuvres laïques) l'a invité à donner une conférence sur sa conception de la laïcité. Encore des « déclarations sulfureuses » à venir, s'inquiète l'archevêque du lieu à qui Jacques Gaillot a promis que les médias ne seraient pas invités. Mais FR3 a su et s'est invité au repas qui précédait la réunion. *La Dépêche du Midi* s'est hâtée de rendre compte le lendemain. Télé et quotidien régional : à Toulouse tout le monde savait. Qu'importe le contenu du débat ! Il avait fraternisé une fois de plus avec l'autre camp. Vous imaginez la joie de l'archevêque de Toulouse qui, lui, défend l'école catholique et évite de se compromettre avec la fraction d'en face. Après quelques heures dans la cité rose, les liens avec l'archevêque du lieu n'en sortent pas renforcés !

Le syndrome de Toulouse – nous aurions pu l'appeler du nom d'une autre ville – gêne considérablement l'évêque d'Évreux. Ses pairs n'ont guère envie de partager leur fief avec lui, fût-ce quelques heures. Ils apprécient son arrivée comme la venue d'un pestiféré dans une ville saine. À Saint-Nazaire – laïcité encore –, à Marseille, il renonce : « Je suis invité partout, mais les évêques locaux sont gênés. » Gênés ? Doux euphémisme : ils craignent le pire. Avec le temps, les qualificatifs changent. Gênés, c'était dans les premières années. Sans être brutal, il se fera plus direct : « Ils ne veulent pas me voir... ailleurs qu'à Lourdes », la réunion annuelle où il ronge son frein.

L'archevêque de Strasbourg n'est pas le seul à le déclarer *persona non grata*. Monseigneur Charles Amorin Brandt lui écrit en 1994 :

« L'Église a déjà assez de peine à être réellement ouverte et présente au monde sans se laisser totalement assimiler par lui. Par cette lettre, je vous demande de ne plus intervenir dans le diocèse de Strasbourg qui comprend, comme vous le savez, les

deux départements du Rhin. Si vous le faisiez quand même, je ne pourrais m'empêcher de considérer cela comme une provocation et de faire connaître publiquement mon désaccord et mon désaveu. Ne me dites pas que ce serait contraire à la communion ecclésiale et à la fraternité épiscopale. Ces deux réalités sont déjà cruellement blessées. Mais par qui ? »

Retourner au pays natal est tout aussi hasardeux. Si les chrétiens, si les prêtres de la Champagne reconnaîtraient avec peine l'ancien vicaire général, tant le chemin parcouru leur paraît imprévisible, les médias, eux, identifieraient aisément l'évêque d'Évreux.

Dans un pays où les citoyens jouissent de la libre circulation, Jacques Gaillot, lui, doit se munir d'inaccessibles visas ! « Il m'arrive souvent, dit-il, de penser davantage aux chrétiens qu'aux évêques. Quand on m'invitait, j'oubliais souvent, au début, de prévenir l'évêque. Il est arrivé à plusieurs reprises qu'au dernier moment les organisateurs disent : “Et l'évêque ?” Il fallait donner un coup de téléphone *in extremis.* J'ai eu souvent des ennuis... » Dieu merci, pour son emploi du temps, il y a ceux qui n'invitent plus l'intouchable évêque : la basilique de Lisieux, les fêtes Jeanne d'Arc à Rouen... Il ne se vexe pas, tant il reste d'assemblées, de terres à découvrir.

Rencontrer les autres, vivre avec eux, habiter leur maison : toute une panoplie de formules employées par Jacques Gaillot dénote la permanence de cette préoccupation. Les autres : tous les autres, mais les exclus d'abord. Être solidaire : « La solidarité n'est pas facultative. L'Église qui ne vit pas avec les exclus se dévitalise. »

« Être généreux, c'est bien, mais être avec, c'est mieux. » Si l'action caritative est indispensable, la présence « aux côtés » ou la vie « avec » ses destinataires lui paraît plus nécessaire encore. Il ne cesse de le répéter. « Cette attitude brise des alliances et introduit des choix nouveaux. »

Jacques Gaillot est prêt à aller partout. Avec le sentiment de n'être jamais au terme de son itinéraire, tant il est de terres nouvelles qu'il souhaite découvrir. Comme le père de Foucauld, toujours prêt à rendre service ailleurs. Il tient d'ailleurs l'illustre homme de foi en grande estime. Tout frais débarqué à Évreux, contemplant la vaste maison en briques et pierres de taille, sa future résidence, il déclarait à un ami : « J'aurais préféré habiter un appartement dans la ZUP. » À la question de *Lui,* «Une femme se fait avorter et réclame votre présence durant ce moment difficile, acceptez-vous ? » il réagit : « Je ne sais pas à l'avance de quelle manière je vais venir en aide à l'homme qui en a besoin, mais je crois que si vraiment je peux rendre un service à quelqu'un, je le ferai. Un évêque est fait pour cela[1]. » À des chrétiens, il explique, martelant pour une fois les mots : « Il n'y a pas de zone suspecte où il ne faille pas aller. Il faut être partout où les hommes peinent, travaillent, vivent et meurent. Quand nous nous rassemblons, c'est pour mieux nous disperser. »

Aux chrétiens, il cite bien sûr la Bible. Pas trop souvent. Il leur répète que l'Église est surtout hors de l'église : « Ils protègent le feu de Pentecôte, mais qu'une flamme s'élève, ils mettent le pied dessus. Ils

1. *Lui,* janvier 1989.

veulent bien de l'amour, mais en rites et en paroles. Ils le redoutent dans la réalité de la vie. »

N'imaginons pas un évêque qui répugne à dire la messe. Il officie souvent. Il a conservé de l'enfance le goût mystérieux des prières répétées, des psaumes, des chants liturgiques. L'évêque d'Évreux est un homme pieux. Mais si l'enfant de chœur prenait plaisir à la même messe dans la même chapelle, le prélat varie les plaisirs, officie partout.

L'Église, ne sont-ce pas les chrétiens rassemblés ? Aussi rencontre-t-il les communautés chrétiennes – un substantif qu'il aime bien – en tous lieux. Peut-être a-t-il un faible pour les repas en commun. On y discute de tout, librement, sans ordre du jour contraignant.

Ce soir-là, il mange chez les V., dans un gros bourg de la vallée de l'Iton, au sud d'Évreux. Jean, ancien militant PSU et délégué CFDT du personnel, est le coordinateur local. Que de points communs avec l'évêque ! La guerre d'Algérie, les exclus, les luttes dans l'entreprise ou contre l'impérialisme : « La foi, je ne l'ai jamais perdue, mais je me retrouvais de moins en moins dans l'Église. Jacques Gaillot suscite des antagonismes profonds. Je le mesure dans ma propre paroisse. Sans lui, j'aurais abandonné. » D'autres ont sans doute « abandonné » à cause de lui. Au cours du dîner, on discute de la vie quotidienne, du chômage, de la ville. On se tutoie. Puisqu'il y a plusieurs jeunes, l'ancien professeur, dont la curiosité est intarissable, s'intéresse particulièrement à la « cohabitation » des jeunes couples avant le mariage. Il se garde bien de faire les gros yeux, au nom de la morale de l'Église dans ce domaine. Sans doute n'y a-t-il même pas pensé. Une question revient souvent dans sa bouche : « Qu'attendez-vous de votre évêque ? Que doit-il faire ? »

Quinze ans plus tôt, avec son goût de l'innovation, de la provocation, l'observation aiguë de la société qui l'entoure, son penchant pour les minorités délaissées ou opprimées, on l'aurait traité d'« évêque PSU ». Son goût de la liberté et sa liberté de parole, ses expéditions sur les frontières, ses défis permanents le désignent comme un révolutionnaire, un utopiste de l'Évangile. Un Évangile conçu comme un outil de prise de conscience, de lutte contre le fatalisme. Contre l'aliénation, contre l'oppression, diraient les marxistes.

Jacques Gaillot n'était dans sa nouvelle résidence que depuis quelques mois, le maire d'Évreux percevait à peine la différence avec son prédécesseur.

Au téléphone, quelques jours avant Noël :

« Je tiens à vous remercier, monsieur le maire, pour la salle municipale mise à notre disposition pour un repas de Noël des déshérités.

– Les salles municipales sont à la disposition de toutes les associations, de toutes les...

– C'est pour le Secours catholique. Mais je voudrais vous demander... peut-être que ça se fait rarement, c'est un peu inhabituel...

–...

– Je tenais à ce que vous le sachiez... Pour éviter toute ambiguïté. Je compte dire la messe de minuit ici, à l'issue du repas.

– Vous êtes libre, Monseigneur, tout à fait libre. »

Roland Plaisance, en athée convaincu, trouve d'abord la demande bien insignifiante. Il se ravise.

« Mais d'habitude, l'évêque ne participe-t-il pas à la messe de minuit dans la cathédrale ? Je vous dis cela, mais ce n'est pas mon problème...

– Je préfère être là où je serai. Là est la place de l'évêque. »

Roland Plaisance en déduit qu'il n'aime pas trop le public de la cathédrale. Il commence à soupçonner... « qu'il vient de toucher un drôle de curé ! » Quelques jours plus tard, le maire d'Évreux reçoit les vœux du nouvel évêque. Sur la carte figure un poème d'Éluard.

La messe, Jacques Gaillot la dit souvent avec les prisonniers, à la maison d'arrêt. Ils sont deux douzaines, pas tous chrétiens, à le rencontrer régulièrement. « On se connaît bien. Ils me suivent dans les médias. Je veux seulement témoigner de deux choses : ils ont du prix ; il n'y a pas de situation sans issue. Nous préparons de temps en temps un message, que je lis à la cathédrale. »

Priorité aux laissés-pour-compte, dit-il toujours. « Vous abandonnez les autres », clament ses adversaires. « En allant vers les exclus, je n'exclus personne. Quand je laisse mon diocèse, je ne le délaisse pas. C'est parce que l'évêque marque sa préférence pour les brebis perdues de l'Évangile qu'il peut être l'homme de tous[2]. »

Ou bien « la société est pluraliste et nous sommes minoritaires. Raison de plus d'être au service de l'autre ». Et l'autre, c'est le prisonnier, l'immigré, le chômeur, le malade.

Homme de tous, il est quatre fois évêque : pour Évreux et pour le reste du monde, pour les chrétiens et pour les autres. Entre les invitations ou les requêtes des uns et des autres, entre l'animation des communautés et le ministère aux frontières, les tensions sont souvent aiguës. Jacques Gaillot hésite parfois ou mime l'embarras. En fait, son cœur ne balance pas vraiment : les vicaires se chargeront des « nôtres », le pasteur préfère les autres, ceux qui sont le plus loin, les non-chrétiens.

« Devenu évêque, je n'imaginais pas que les choses tourneraient ainsi. Je suis surpris par l'aventure. J'ai découvert que j'étais fait pour ceux qui ne fréquentent pas l'Église. » N'imaginez pas qu'il veuille les y ramener ! Il n'y a pas chez ce pasteur-là le prosélytisme des missionnaires du siècle dernier. Le mouvement qu'il imagine est dialectique : pour comprendre l'Évangile, le dialogue est nécessaire. Si le monde a besoin du Christ, l'Église a besoin du monde. Sa croisade vise plutôt l'Église qui doit changer au contact des autres. Plus que les non-chrétiens qu'il ne se propose jamais de recruter, ce sont les catholiques qu'il souhaite convertir à un humanisme plus concret.

---

2. *Témoignage chrétien*, 5 décembre 1988.

Si la finalité, la seule finalité, c'est l'homme, comme le répète Jacques Gaillot, sa fonction d'évêque lui a fait mesurer à quel point l'humanisme était partagé, combien l'Église ne détenait aucun monopole. « En allant vers ceux qui ne sont pas dans l'Église, je ne rencontre pas des gens décadents ou déviants. C'est là que j'apprends le plus. Dans certains rassemblements pour les droits de l'homme, je suis le seul chrétien. La pratique dominicale n'est pas l'essentiel. »

Et pendant qu'il est aux frontières, le pasteur laisse à ses subordonnés la garde du troupeau. À eux de gérer l'intendance. Inutile de lui expliquer qu'il pourrait déserter plus souvent les frontières au profit du cœur du diocèse, il entend mais n'écoute pas. Son goût pour les terres lointaines ajoute à son obstination. Quand il répugne à répondre aux questions urgentes et angoissées de son vicaire général, il se lance dans un étrange dialogue avec le chien du vicaire. Parlez à l'évêque, il répond à mon chien chaque fois que je l'ennuie. Et si une réunion l'assomme ou le contrarie, il est capable, sans changer de place, de faire autre chose. Comme il peut quitter à cinq heures son conseil presbytéral et défiler à six sans que l'assemblée le sache. « Je le reconnais, je le confesse. Ils apprennent souvent mes déclarations par les médias. Je consulte souvent, mais ce n'est pas mon tempérament. » Chassez le tempérament, il revient au galop ! Ils approuvent la philosophie de l'évêque, ils sont en première ligne et, souvent, ils ne savent pas.

« Il va falloir que je change, je tiendrai compte de toutes ces remarques », conclut Jacques Gaillot avec la touchante candeur qu'il déploie quand il se sent en faute. Il ne changera pas… Il continuera à mener un train d'enfer. Et ses collaborateurs devront suivre ou quitter des fonctions trop exposées.

L'évêque d'Évreux reçoit, on le sait, beaucoup de courrier. Des clercs, des laïcs écrivent. Les expéditeurs se présentaient tous, au début, comme chrétiens. Au fil des ans, le public se diversifie : des juifs, des musulmans… Et des gens qui se réclament des droits de l'homme, de la non-violence, du combat antiraciste mais d'aucune religion, ou qui revendiquent leur athéisme. Ils sont de plus en plus nombreux : « Agnostique, je n'oublie pas que face aux menaces sur les droits de l'homme, l'Église peut et doit jouer un rôle important, même si elle a parfois oublié sa mission. » Ou bien : « Je suis communiste, mais votre attitude me réconcilie avec l'Église du Christ. Pendant des années, j'ai eu le doute en moi. Ma conscience et ma formation de chrétien étaient ébranlées. »

Le langage de Jacques Gaillot est accessible, c'est sa force. Mais l'homme l'est aussi, en permanence. Sa disponibilité est légendaire. Un homme comme tout le monde ! Qui le souhaite peut l'interpeller dans la rue ! Nulle contrainte, nulle étiquette. Comme il le répète, « l'évêque appartient à tout le monde »… Et le monde entier est son territoire ! Il n'a pourtant ni la tripe populaire, ni la faconde d'un notable méridional ; il est plutôt réservé, mais il plaît, l'évêque. Aux non-chrétiens surtout.

Combien de « Je vous ai vu à la télé, bravo pour ce que vous avez dit sur le sida » ou bien « J'avais envie de vous parler, pourquoi un homme d'Église dit-il tout cela ? » « Je ne serai sans doute jamais chrétien, mais si je le deviens, ce sera grâce à vous... » « Je ne suis pas chrétien mais je voulais vous dire... » Imaginez-vous un *quidam,* généralement athée, bavardant avec Lustiger à la sortie de la maison de la presse ? Imaginez-vous, toujours avec l'archevêque de Paris : « Monsieur l'évêque, comment dit-on, Monseigneur, j'ai beau être athée, mais j'approuve tout ce que vous dites, que je voudrais entendre plus souvent à gauche. J'aimerais vous connaître. Viendrez-vous dîner un soir à la maison ? » L'invitation s'est faite dans la rue, Jacques Gaillot accepte. On prend rendez-vous.

Tous ces non-chrétiens ont quand même une caractéristique commune : ils appartiennent à la gauche. Pour eux, Gaillot est bien un évêque « progressiste », qu'ils placeraient dans ce registre-là, sur le flanc gauche du parti socialiste. Lui récuse ce mode de classement : il est évêque, il donne son temps, il soutient les causes qu'il estime justes... mais n'empêche personne de le cataloguer. Il l'admet : les militants de gauche le reconnaissent comme l'un des leurs. Sa critique de l'ordre moral et social les étonne, les stimule même. Ils communient avec lui dans la défense d'une éthique universelle. Comment n'applaudiraient-ils pas quand il dit : « Les religions sont des moyens au service de l'homme. Mais je suis hostile à tout monopole. Notre trousseau de clés n'ouvre pas toutes les portes. » Ces déclarations de tolérance, qui prolongent ses prises de position dans la guerre scolaire ou sur toutes les formes de nettoyage ethnique, séduisent un public plus large encore. Ce qu'il qualifie d'évangélisme ou d'esprit missionnaire, ses interlocuteurs naturels de la gauche l'appellent contestation ou justice.

Leur surprise est de rencontrer un évêque qui soit un militant : « Je préfère prendre le risque d'être dans des endroits exposés, plutôt que de ne rien faire en étant trop attentif à tout ce qui pourrait se passer. » La remarque vise-t-elle la timidité ou la pusillanimité des autres prélats ? Et d'ajouter : « Je préfère être au front. Pas à l'arrière. C'est la condition normale d'un évêque d'être dans la mêlée[3]. » C'est la seule chance pour l'Église de retrouver sa force, de convaincre à nouveau.

Militant des droits de l'homme dans toutes leurs composantes – ceux de la Déclaration de 1789 et tous ceux qui restent à conquérir –, militant de l'Évangile, dirait l'évêque, Jacques Gaillot cherche plus à éveiller qu'à veiller. Qu'importe la méthode, fût-elle provocatrice, pourvu qu'on entame le conformisme collectif !

Le vicaire général de Langres, plutôt conventionnel, a rencontré, sans l'avoir cherché, le métier d'évêque, une fonction dont il ne présumait pas des occasions qu'elle offre. Et quitte à être évêque, s'est-il dit, autant l'être de façon prophétique ! « Un homme politique, nous explique un spécialiste, ne provoque que s'il espère un profit stratégique à terme. "Qu'est-ce que ça va me rapporter ?" Lui, non. Il se donne les apparences de l'innocence. Il n'est peut-être pas complètement innocent. Mais il n'est pas machiavélique. Il prend des risques en se disant : "Si on doit m'arrêter, on m'arrêtera."

---

3. *Le Nouvel Observateur,* 12 juillet 1989.

Jusqu'où la hiérarchie, qui se sent provoquée, tolérera-t-elle une marginalité ou un prophétisme qui l'irrite ? Jusqu'où Jacques Gaillot pourra-t-il être évêque et prophète, dignitaire et militant à la fois ?

CHAPITRE 8

PRIE ET TAIS-TOI !

Depuis six générations, les Hérissey sont imprimeurs. Une grande famille de la bourgeoisie ébroïcienne. Paul-Arnaud, le dernier héritier, dirige l'un des plus puissants groupes d'imprimerie en France. Un patron, dans tous les sens du mot. L'homme est dynamique, il sait être accueillant, direct, il aime parler même s'il s'écoute un peu trop. Avec Jacques Gaillot, son évêque (géographiquement parlant), il n'a qu'un point commun, mais un seul : il est chrétien, ils sont chrétiens tous les deux. Même s'ils appartiennent à deux planètes, s'ils vivent à des années-lumière l'un de l'autre.

Même au physique. Le patron des patrons ébroïciens est un grand costaud. On le verrait bien seconde ligne au rugby alors que l'évêque réussirait sûrement mieux au football, comme attaquant de pointe. Pas question de les faire jouer dans la même catégorie ! Paul-Arnaud Hérissey l'avoue sans gêne : « J'ai demandé le départ de Monseigneur Gaillot, j'ai tout fait pour qu'il parte. » Quand il regarde le diocèse, quand il discute avec d'autres chrétiens, l'imprimeur a l'impression d'un territoire sinistré, avec des catholiques désorientés par une « stratégie à la Giap, à la vietnamienne ».

Le plus exaspérant, « c'est que l'évêque a un avis sur tout : sur Pelat[1], sur le Paris-Dakar, sur Touvier, il est la proie des médias. Il choque pour le plaisir de choquer. Est-il convenable que l'évêque rentre dans les usines ? Dès qu'il y a un problème social, l'évêque d'Évreux vient soutenir inconditionnellement les grévistes, sans entendre de près ou de loin le point de vue de la direction... Là encore, je suis sévère. Il ne peut avoir la science infuse en disant que les grévistes ont toujours raison. »

Autant d'interventions qui le discréditent « pour fédérer, pour rassembler les fidèles ». Pour Paul-Arnaud Hérissey, l'évêque d'Évreux a mis le diocèse en piteux état. Lui aussi cite la Bible : « Malheur à celui par qui le scandale arrive ! »

Le rôle qu'il assigne au pasteur n'a rien à voir avec l'idée que Jacques Gaillot se fait du métier d'évêque. Nous plongeons d'un monde à l'autre. Deux conceptions sans compromis possible ! Pendant qu'il consacre toute son énergie aux brebis égarées, le troupeau se disperse : le berger a abandonné son rôle de rassembleur, pourquoi le garder ? « Je ne suis pas un

---

1. L'un des inculpés de délit d'initié dans l'affaire du rachat de Triangle par Péchiney.

rigoriste, un intégriste. Mais c'est trop facile de flatter la facilité. C'est facile d'être populaire. Comme chef d'entreprise, je n'ai qu'à donner tout ce qu'on me demande. La sanction pour l'entreprise viendra vite. L'ennui, avec Monseigneur Gaillot, c'est qu'il n'y a pas de sanction légale. Il n'y en aura pas… Non, il ne s'agit pas de commencer par foutre en l'air son troupeau… en disant qu'il n'y a que les galeux qui soient intéressants… »

Rejet de la morale de l'Église, laxisme : « L'évêque d'Évreux fait infiniment de peine à beaucoup de catholiques pratiquants. Je suis choqué dans ma conscience de chrétien. » Comme si une bombe à fragmentation explosait, qui n'en finissait pas de jeter de nouveaux morceaux de métal dans des corps meurtris. Tout au plus consent-on à croire que la stratégie du prélat n'est pas délibérée, mais « c'est un homme habile qui cède à la tentation des médias ».

Pour les opposants, le comportement de l'évêque d'Évreux n'a rien d'épiscopal. Il ne joue pas le jeu. Il n'est pas à la place réservée à l'évêque. Son comportement à l'égard de l'école privée est le plus choquant. Mais, pour Paul-Arnaud Hérissey, que penser d'un évêque qui « va à la messe d'Abou Nidal », qui « arrose avec les communistes leur victoire municipale ?… J'ai d'ailleurs moins de problèmes avec Plaisance quand je le rencontre en tant que responsable du CNPF. Je n'ai pas l'impression d'être rejeté comme avec Gaillot ». Non, le principal patron local a beau réfléchir, il ne trouve rien à mettre au crédit de l'évêque subversif. Sans doute l'un et l'autre ne rencontrent-ils jamais les mêmes chrétiens. « Tristesse, désarroi, écœurement » : cette trilogie du désespoir revient souvent dans la conversation. « J'ai beaucoup de respect pour Monseigneur, pour un titre respectable, fondamental dans la hiérarchie des hommes de Dieu. »

Et pour Paul-Arnaud Hérissey, qui n'est ni intégriste ni lepéniste, le titre est galvaudé, la mission banalisée ou dévoyée. « Je sais que beaucoup de gens le tutoient. Il a proposé au député Debré : "Appelez-moi Jacques, je vous appelle Jean-Louis. – Comme vous voudrez, Monseigneur." Vous imaginez la famille Debré tutoyer un évêque ? Et puis, autre chose, chaque fois que je me déplace et que j'annonce que je suis d'Évreux... On parle plus aujourd'hui en France de l'évêque d'Évreux que du pape... Un exemple : après une messe des chefs d'entreprise dite par Monseigneur Lustiger, il salue tous les présents. Je me présente : "Hérissey, Évreux." Il me serre la main : "Ah, Évreux, Évreux..." » Sur quel ton l'archevêque de Paris a-t-il prononcé la formule ? On imagine...

Peut-on ramener « Monseigneur Gaillot à sa fonction de berger » ? Paul-Arnaud Hérissey en a pris son parti ; ni ses interventions à Rome, ni ses demandes à la nonciature n'ont abouti. On ne se débarrasse pas facilement d'un évêque. Même quand on est une personnalité en vue du patronat chrétien. On risquerait « d'en faire un martyr » ! Il s'avoue d'ailleurs légitimiste. Prêt à boire le calice jusqu'à la lie ? Pas jusqu'à omettre de dire son ressentiment. Pas jusqu'à payer le denier du culte, l'impôt ecclésiastique : « Je refuse de donner au curé de la cathédrale. Je le donne ailleurs. Je soupçonne qu'il paierait les billets de l'évêque pour

Larnaca. Ça m'embête. Je n'ai rien contre le problème palestinien. Et je ne donnerai pas un fifrelin pour envoyer mon évêque libérer Albertini ou faire le zouave en attendant le bateau de Larnaca. »

Lorsque l'évêque sera démis, quelques années plus tard, les Hérissey se feront moins hostiles. Ils n'auraient pas voulu, en fait, pareille issue... Charité chrétienne façon grand patron ?

Notre imprimeur n'est pas le seul à donner son argent ailleurs, mais l'évêché ne paraît pas souffrir de moindres rentrées financières. Au contraire. Les désertions sont-elles compensées par les oboles venues d'au-delà du diocèse, par la troupe nombreuse des supporters du prélat ? La progression des rentrées d'argent y est l'une des meilleures de France.

Pour les chrétiens habitués à la quiétude des évidences, Jacques Gaillot représente le cauchemar permanent. Ou plutôt une succession de cauchemars, de coins enfoncés dans toutes les certitudes.

Le clergé lui-même est partagé. En majorité favorable ou légitimiste, il ne manque pourtant pas d'opposants à l'évêque. Les plus modérés s'interrogent et notent une « certaine propension à l'orgueil ».

L'abbé Michel, jeune curé de Thiberville, réhabilite les pèlerinages tombés en désuétude. Jacques Gaillot a refusé sa participation au comte Danger, grand maître des charités, et au prêtre, qui se qualifie lui-même de réfractaire : « Il est vrai que, pour être tourné vers l'avenir, il vaut mieux écrire dans *Gai Pied* et *Globe,* parler préservatif, faire l'éloge d'un film défigurant le Christ, affirmer que tout homme a droit au blasphème, être l'ami de ceux qui affichent une philosophie athée et relativiser la parole de Dieu. On ignore plus de cinq cents personnes et on accourt à Lisieux auprès de jeunes sans-culottes qui ne se privent pas d'attaquer l'Église. »

Il s'agissait de jeunes lycéens qui réfléchissaient au thème « sans-culottes et droits de l'homme »… Toujours cette même critique : Gaillot ne pense qu'aux athées ! Une telle homélie reste rare, mais la rage étreint parfois les laïcs. Jacques Gaillot n'est pourtant un hérétique qu'aux yeux des partisans de Monseigneur Lefebvre. Mais, le courrier en témoigne, il est l'anti-évêque pour la masse de ses adversaires. Ils ne supportent pas sa volonté d'éveiller brutalement les consciences, d'en finir avec le conformisme d'Église.

Le courrier est considérable. Quinze à vingt mille lettres avant 1990. Le phénomène s'amplifie au point que le dépouillement – et la réponse toujours rédigée par Jacques Gaillot – peine à suivre le mouvement. Trois interpellateurs sur quatre approuvent la démarche du pasteur. Le quart désapprobateur permet de dresser le portrait de l'évêque de rêve, l'anti-Gaillot. Il s'effiloche au fil des ans. Comme si les détracteurs se lassaient d'écrire à Évreux.

Les lettres dessinent le portrait de l'homme d'ordre, de l'homme de sacristie que les hasards de la nomination ne leur ont pas offert. D'abord, « votre tenue vestimentaire laisse à désirer à la télévision, vous êtes en col roulé et sans petite croix ! » Plus grave : « Vous êtes là pour le salut des âmes, un point c'est tout !… Incitez vos fidèles à la prière, montrez-leur le salut de Dieu… Faites que nos enfants puissent répondre à la question de notre vieux catéchisme : qu'est-ce que Dieu?... Opposez-vous à la libération des mœurs, au concubinage, au divorce, à l'union libre... Faites-nous un vrai catéchisme, non marxisé, où les enfants apprennent à respecter leurs parents, à obéir, à travailler... Résistez, comme au temps des croisades... Priez et taisez-vous!... Prenez le temps de susciter des vocations, faites de vraies tournées pastorales... Empêchez la curaille, qui se dit débordée, de s'occuper de politique... Gardez le silence sur toutes ces choses, qui ne sont pas de votre ressort, imitez vos prédécesseurs qui gardaient l'Église sous l'Occupation... Exercez votre charité active au bénéfice de toutes les victimes du marxisme[2]. » De ces dix commandements, retenez qu'un évêque, au fond de sa cathédrale, doit garder le silence.

Ne parler que pour rappeler ce bréviaire-là, faire les gros yeux et tirer les oreilles, sinon ne rien dire, ne rien dire à personne... Pour ces chrétiens-là, l'évêque d'Évreux n'est pas un personnage très catholique. Le pire est que ces scandaleux messages passent bien. Que le prélat aime barrer sous la tempête, que les nouvelles frontières où il mène son navire attirent beaucoup de pauvres pêcheurs. « La bourgeoisie voudrait que je me cantonne à la prière, aux cérémonies, à la sacristie. Bref à ce qui ne les gêne pas. Lors de toutes les belles célébrations, où est le monde ouvrier? On entretient des fossés depuis longtemps, il faut opérer d'autres alliances. » Comme le disait Paul-Arnaud

2. D'après les synthèses de Michel Pinchon parues dans les *Cahiers du libre avenir*.

Hérissey, l'évêque, en plus, favorise la lutte des classes !

Pour la majorité de ses correspondants, Jacques Gaillot est l'évêque qui parle, qui tranche avec la prudence ou la couardise de l'épiscopat. L'évêque d'Évreux hausse rarement le ton : « Mais quand on ne se moule pas dans l'idéologie dominante, on est vite catalogué de communiste. Si on se montre solidaire des exclus, des déshérités de l'argent ou du pouvoir, on est tout de suite un évêque rouge. Le marxisme n'est pas mon inspiration. »

Michel Pinchon, infatigable lecteur du courrier reçu, analyse son succès : « Ils apprécient qu'il soit un évêque pour tous et en priorité pour ceux du dehors, spécialement pour ceux qui souffrent partout dans le monde. Un évêque qui exprime avec simplicité un rapport vrai entre la vie et l'Évangile. Un évêque qui soit le témoin et le défenseur des droits de l'homme et qui prenne le parti des pauvres. Un évêque à la parole libre, risquée. C'est peut-être le souhait qui revient le plus dans ces lettres : qu'un évêque soit d'abord un homme libre dans son style de vie, dans ses relations, dans ses interventions, dans sa parole. Un évêque qui entraînerait son Église à être plus attentive aux besoins et aux aspirations des hommes qu'à la recherche de son image propre et de sa survie. Une église passionnée par le service des hommes. On souhaite à l'Église beaucoup d'évêques qui n'aient pas peur d'aller jusqu'à connaître le rejet et l'incompréhension. »

... Comme Guy Riobé dix ans plus tôt. L'ancien évêque d'Orléans apparaît comme le père spirituel de

Jacques Gaillot. Dès qu'on évoque son diocèse sans frontières, ses prises de positions marginales dans l'Église, le nom de Riobé revient. L'épiscopat a retrouvé – sans plaisir – un contestataire.

L'évêque d'Évreux nous l'a souvent répété : « L'Évangile est dangereux. Si on le vit, c'est de la dynamite. » Michel Pinchon retrouve chez les deux prélats la même lecture, la même conversion. « L'un comme l'autre, après avoir accédé à l'épiscopat, s'est converti – le terme, pris dans toute sa force, à maintes fois été souligné par Riobé. Autrement dit, l'un et l'autre se sont entièrement retournés vers un Dieu au service des hommes. Précisément parce que la guerre d'Algérie, avec son cortège de tortures et de violences, a été pour l'un et l'autre l'occasion d'une prise de conscience radicale, de la préférence inconditionnelle à donner à l'Évangile sur tous les conformismes – religieux ou autres. »

Le courrier reçu fait une large place à cette filiation : « La parole de Guy Riobé m'avait permis de continuer à suivre Jésus sans détester l'Église. Votre attitude à nouveau, aujourd'hui, m'oblige à ne pas baisser les bras... En lisant la presse, nous avons appris que la place laissée libre par le père Riobé est à nouveau occupée, place périlleuse qui vous expose maintenant à l'incompréhension. Je retrouve le même ton, la même liberté de parole, le même courage, la même détermination, les mêmes écarts. » « J'imagine Guy Riobé, souriant de voir un évêque s'engager à nouveau sur un chemin de liberté. » On retrouve la même capacité à retenir dans l'Église les chrétiens les plus éloignés, ceux qui se reconnaissent si mal dans les positions officielles de l'institution, le même intérêt suscité chez les non-croyants. Les deux voix, à dix ans de distance, disent « je » quand l'épiscopat se fond dans une position commune.

La similitude va plus loin. Tous deux viennent de la bourgeoisie traditionnelle. Ni les préoccupations sociales, ni la défense des droits de l'homme ne font partie du patrimoine familial. Aussi deviennent-ils l'un et l'autre des prêtres classiques, de bons éléments qu'on peut pousser aux sommets de la hiérarchie. Et puis patatras ! En 1972, Guy Riobé prend position pour l'ordination d'hommes mariés. L'année suivante, il critique notre système de défense nationale ! Dix ans, quinze ans après, Jacques Gaillot aborde ces deux problèmes en termes presque similaires ! Enfants gâtés par la famille et par l'Église, ils se rebellent ! En 1968, les enfants de la bourgeoisie, convertis au gauchisme à vingt ans, se rangeaient à trente. Ce sont des prélats d'âge mûr, des hauts fonctionnaires jusque-là dociles qui s'insurgent. Les déçus de l'Église y retrouvent la même inspiration, le même réconfort.

Mais là s'arrête l'analogie. Riobé portait la crosse depuis plusieurs années quand il intervint pour la première fois, Jacques Gaillot n'attendit qu'un an. Le premier réfléchissait longuement, écoutait les avis d'un groupe de théologiens – que Jacques Gaillot rencontre parfois –, le second décide vite et souvent seul. L'évêque d'Orléans souffrait des attaques de ses adversaires qu'il ressentait jusqu'au plus profond de sa chair, pleurait plusieurs jours après une admonestation papale. Ses colères étaient aussi violentes que sa détresse. Poursuivre la route choisie tournait au calvaire... Rien de ces excès chez l'évêque d'Évreux, sûr de son chemin, imperturbable sous la grêle des projectiles, modeste sous les vivats. Grand soleil ou temps de chien, il change à peine. La voix et le corps restent aussi fluets, mais les réserves intactes. Autant l'un vivait trop intensément, autant l'autre apparaît détaché, au-dessus d'une mêlée qu'il a pourtant concouru à créer.

Jacques Gaillot est plutôt surpris par l'analogie : « Je l'ai à peine connu. J'ai beaucoup d'estime pour lui, mais le lien qu'on établit m'étonne. » Il parodie la célèbre formule : « Lui c'était lui, moi c'est moi. » « On a vraiment beaucoup insisté pour que je participe à une réunion pour le dixième anniversaire de sa mort, j'y suis donc allé »... Apparemment sans enthousiasme, lui, toujours prêt à prendre son bâton de pèlerin et son sac d'évêque itinérant.

Il n'y a pas, en tout cas, de relation de maître à disciple. Jacques Gaillot ne borne pas ses critiques à deux ou trois terrains privilégiés. Monseigneur tous azimuts et prince des médias va plus loin et voit plus large dans la dénonciation des pharisiens : un militantisme plus radical, une invitation plus forte à l'engagement de chacun.

L'évêque d'Évreux a aussi trouvé chez les non-croyants une surprenante résonance à son comportement. L'estime, l'amitié qu'il provoque étonnent chez une personnalité aussi forte que le maire d'Évreux par exemple. Un homme que les combats ont endurci : « Gaillot est un homme profond, qui ne s'arrête ni aux apparences, ni aux statuts. Il est partout à sa place. Sa conception de la religion, je l'apprécie... Un être d'exception, courageux, même physiquement. »

Roland Plaisance appartient au parti communiste, mais à une catégorie bien particulière : celle des maires de grandes villes, populaires, que le Parti se résout à garder sous peine de perdre à jamais son électorat. Sans lui le Parti est réduit à moins de 10 % des voix ! L'ancien homme d'appareil se sent libre : « Je peux communier avec Gaillot dans la compréhension du monde, mais aussi dans une convergence anti-appareils : le parti communiste, le PS qui devient un PCF *bis,* l'Église. Ils enferment tous les idées, les mouvements dans les machines. La réaction des appareils, je m'en fous. Le mien me félicite rarement. Gaillot a raison : la seule finalité, c'est l'homme. Contre la sclérose des appareils, je suis prêt à signer une déclaration avec lui. »

Le langage est aussi direct que celui de Hérissey, aussi déterminé que toutes les interpellations déjà recensées. L'évêque d'Évreux ne laisse personne impassible. Entre rejet et adhésion, il n'y a guère de position médiane. Roland Plaisance éprouve du plaisir à parler de ce citoyen-là : « Il ne cherche pas à faire des adhésions, moi non plus. Il creuse des sillons. À Évreux il est très populaire, chez les chrétiens et chez les autres, bien au-delà de la frontière gauche-droite. Ce sont les nantis, les gens de pouvoir qui le rejettent. Ils le détestent... » La réflexion avançant, il conclut même : « Je cherche, mais je ne peux trouver un point de divergence avec l'évêque... La religion, la messe peut-être. » Mais, le premier magistrat l'avoue : le PCF a aussi ses réunions et ses rites... qui l'intéressent d'ailleurs de moins en moins.

Et les principes de l'Évangile énoncés par Gaillot lui conviennent. « Il réconcilie les athées et les croyants. Beaucoup de gens autour de moi réfléchissent à la religion autrement. Il m'a fait rencontrer des gens merveilleux que je ne connaissais pas. »

L'appréciation ne diffère pas chez les militants. Pour Mme Albertini, un homme « désintéressé, auprès de ceux qui souffrent, un regard céleste... » Quelques exceptions pourtant : la peur que l'Église n'investisse de nouveau tout le champ culturel et social abandonné naguère. Avec une allure plus séduisante, un visage plus moderne. Roland Plaisance avait évoqué la présence de l'évêque et des chrétiens dans un univers où les communistes sont souvent seuls. Sans s'en inquiéter : « L'Église a peut-être besoin de cet épiphénomène pour se justifier. » D'autres, chez les militants de la laïcité, sont plus circonspects : « Les chrétiens nous mettent parfois mal à l'aise, ils investissent tout le champ de la solidarité avec leur énorme réseau. Le plus inquiétant c'est leur patron, qui intervient partout. N'y a-t-il pas une volonté en fait de reprendre tout le pouvoir moral ? » L'accusation de machiavélisme clérical est exceptionnelle. On l'a trouvée : « Ce n'est pas une nouveauté : l'Église catholique a toujours su, quand il le fallait, chanter des chœurs à plusieurs voix. »

Jacques Gaillot se sent bien à Évreux. Les Normands sont réputés gens méfiants mais la population, si près de Paris, est en fait très brassée. La méfiance s'est muée en exaspération ou en approbation. L'essentiel pour notre prélat est que « ça vibre, ça bouge, ça vive ». Et tant mieux si j'y suis pour quelque chose !

TROISIÈME PARTIE

Un clerc en son Église

CHAPITRE 9

MONSEIGNEUR L'ÉVÊQUE

« Vous savez, vous intervenez souvent pour poser des questions. Nous, on préférerait qu'on nous dise ce qu'il faut faire. Car la vie est difficile, compliquée, on n'a pas beaucoup de références et, en posant des questions, vous compliquez encore un peu plus la vie. On était habitué à ce qu'un évêque, s'il parle, nous dise clairement le chemin qu'il faut prendre. »

C'était en 1989 au club de la presse d'Évreux. Cent fois sur le métier remettez votre ouvrage... L'évêque d'Évreux n'est pas au bout de ses peines. « Conscientiser » les chrétiens n'est pas une mince affaire, d'autant que l'environnement n'y pousse guère.

L'évêque est sans doute un franc-tireur, un résistant. N'imaginons pas son diocèse en village d'Astérix résistant aux légions du conformisme. L'Eure ne ressemble pas à un bastion de l'Évangile retrouvé, d'où les dynamiteurs partiraient à l'assaut des marchands du temple. Ce n'est qu'un terroir ordinaire, où l'Évangile se défend aussi mal qu'ailleurs, face aux assauts du modernisme. L'évêque y est sans doute différent, mais il n'est que l'évêque. Le titre de Monseigneur ne suffit pas à effacer deux ou trois siècles de peur, de frilosité, de racornissement ou de nostalgie.

On ne savait pas grand-chose du vicaire général de Langres avant qu'il n'atterrisse ici-bas. L'homme d'appareil qui arrivait avait deux fois attiré l'attention : il souhaitait donner aux laïcs plus de place, il se reconnaissait dans Vatican II. L'information était maigre, aléatoire. En fait, le programme du nouvel « élu » y était tout entier contenu.

« La communauté des chrétiens se reconnaît intimement solidaire du genre humain et de son histoire. » Le concile adopte d'autres propositions : fondre l'Église dans le monde de ce temps, opter d'abord pour les plus démunis. Jean XXIII veut rattraper le temps perdu après la longue glaciation du règne de Pie XII. En ces temps de retour à l'autorité, à des formes de cléricalisme qu'on espérait révolues, Vatican II est-il autre chose qu'une parenthèse qu'on referme à la hâte, qu'un mythe vacillant ? Jacques Gaillot y croit toujours dur comme fer. Sa foi s'enchâsse dans la liberté : « La foi est un choix, un choix parmi beaucoup d'autres choix, qui se fait dans un climat de liberté, où chacun reste libre de sa réponse. La foi ne peut se transmettre dans un climat d'autorité, par mode de pression, mais dans un esprit où l'autre est libre de sa réponse. » Ainsi imagine-t-il le gouvernement de son diocèse. On le mesure quand on entend ses pairs : il est à contre-courant.

Quand Jacques Gaillot arrive, les dossiers en souffrance s'accumulent. Il s'en rend vite compte : on attend de l'évêque qu'il tranche. Et lui, qui ne répugne pas à prendre des décisions, préférerait d'abord prendre ses marques. Savoir où il est. Avec qui ? Il circule beaucoup, interroge, écoute, mesure, consulte, arpente, évalue. Et, pendant un an, ne dit rien. Rien qui soit répercuté hors du cénacle qu'il forme autour de lui. Première décision concrète et symbolique : l'évêque sera aussi l'aumônier de la prison. Pour quelques mois. Jusqu'à ce que le nouveau vicaire général, Jean-François Berjonneau, un prêtre ouvrier, cumule à son tour cette fonction avec la sienne.

Le département de l'Eure compte un demi-million d'habitants et cent cinquante prêtres. Pour la moitié d'entre eux, l'âge moyen dépasse celui de la retraite : soixante-six ans ! Une armée de rhumatisants qui ne sont pas tous des contemporains de Vatican II ! Il faut faire avec. Dix ans après, on en rencontre quelques-uns de moins, qui n'ont pas été remplacés.

Pour Jacques Gaillot, qui manie volontiers les paradoxes, c'est une chance historique. Qu'ils le veuillent ou non, en l'absence de prêtres, les chrétiens seront contraints à l'autonomie. Ils devront prendre leurs affaires en main. Quand il n'y a plus de prêtre, on fait une ADAP. Qu'est-ce qu'une ADAP ? Ça n'existe pas que dans l'Eure, c'est une assemblée dominicale sans prêtre : ça se développe en milieu rural, généralement après une période de jachère. Explication agronomique d'un adepte de l'ADAP : « La jachère désigne une période intermédiaire pendant laquelle les chrétiens doivent réaliser qu'ils ont à se prendre en charge en créant une équipe d'animation, qui elle-même coopte un coordinateur ou une coordinatrice ; c'est le temps nécessaire à réaliser qu'il n'y a pas de curé. »

Quarante-deux communautés fonctionnent ainsi, rassemblant le tiers des paroisses, c'est le record de France. « Ça part de la base. Les gens se sentent embarqués ensemble dans le même navire. On trouve des responsables. » Hommes ou femmes élus pour trois ans, les coordinateurs rencontrent l'évêque. Chaque jachère qui s'achève, c'est une victoire pour l'ancien enfant de chœur. Mais il faut tout de même des prêtres pour former et conseiller. On les a baptisés « prêtres accompagnateurs ». Les gens ont plutôt vécu cela au début comme un pis-aller, avant d'en tirer satisfaction : « J'ai l'impression de commencer ma vie de chrétien, raconte un coordinateur. On se connaît mieux qu'avant, on se soutient davantage. On s'est mouillé. Même le denier du culte qui remonte mieux. Avant, nous comptions sur les prêtres. Maintenant ils comptent sur nous. »

La pénurie rend nécessaire la participation de tous. « Une occasion d'avoir besoin de tous les baptisés. Quand nous disions aux gens “soyez responsables”, “mettez-vous en route”, ils ne bougeaient pas. Maintenant l'événement est là, il y a un effet d'entraînement. » Plutôt que le nombre de prêtres, l'évêque préfère qu'on lui demande le nombre de communautés. Pour lui, elles sont un pari – une promesse, dirait-il – d'avenir.

En plus des diacres, il aurait volontiers donné des responsabilités d'animation à des prêtres mariés. Certains le désirent, exclus qu'ils se sentent de l'Église. Mais la volonté d'ostracisme persiste parfois chez les fidèles et chez leurs anciens collègues. Jacques Gaillot n'a pas osé passer outre ! Pourtant, nécessité faisant loi, les mentalités évoluent. Lentement. En dépit des dogmes surannés de l'Église. Des femmes deviennent coordinatrices. Certaines – pas toujours éloignées de la catégorie dame patronnesse – l'espéraient depuis longtemps. Le prélat imagine parfaitement des femmes prêtres – prêtresses ? – et mariées. Pour l'instant, il ne peut que transmettre à Rome ses souhaits et les revendications de ses ouailles. Le droit canon lui interdit de faire plus. Doutons, sur un sujet aussi tabou, qu'il obtienne satisfaction avant longtemps.

L'évêque d'Évreux poursuit, avec l'obstination qu'on lui connaît, l'un de ces objectifs : atténuer, et à terme briser, la dichotomie entre clercs et laïcs, entre hommes de Dieu et peuple de Dieu. « N'attendons pas toujours que ce soient les grandes instances qui décident, qui nous dictent la conduite à suivre... » Un conseil qu'on pourrait traduire par : créons des situations irréparables, irrémédiables ?

Pour Jacques Gaillot, la paroisse est inadaptée : « L'Église est là où sont les chrétiens. » Le paysage ecclésial change : plus d'information, plus de responsabilité... et demain moins de paroisses si on les veut vraiment animées de tous les services : catéchèse, liturgies, formation, entraide. En attendant, les communautés de l'Eure grossissent et se multiplient. Et l'évêque aime en visiter une, le dimanche matin. Les rites simples dans une modeste église villageoise lui rappellent de bons souvenirs. La communauté l'accueille, l'invite parfois à déjeuner. Le cadre champêtre et bon enfant ouvre une parenthèse, un jour de vacances dans un emploi du temps sans répit.

L'homme pieux reste sensible au côté « église de mon enfance ». Il innove peu sur la forme. Il aime la prière, cette forme ordinaire et universelle de la pratique religieuse. Il aime en dire, en écrire. Avec lui, pas de révolution liturgique, pas de bouleversement des rites, pas de psaumes au rythme du rock ou du reggae ! Il ne s'y opposerait sans doute pas, au nom de la tolérance. S'il aime le petit oratoire de l'évêché, il a pourtant peu de temps pour la piété. L'ancien enfant de chœur y retrouve ses racines, l'évêque un antidote aux turbulences du prophétisme. Prier, n'est-ce pas respirer un peu ?

Même si un prêtre suit les équipes, les paroisses paraissent, vues de loin, entièrement confiées aux laïcs. Jacques Gaillot y pousse de toutes ses forces. Mais, en haut lieu, à l'heure de la reprise en main, de la primauté des clercs sur les laïcs, c'est mal vu. Évreux est dans le collimateur et, comme l'évêque ne s'amende pas pour se faire oublier…

À Berville-en-Roumois, une vidéocassette raconte le fonctionnement, la vie de la communauté de laïcs. Lustiger a vu l'émission, le verdict est tombé, exempt de toute charité : « Si c'est une vraie communauté, cela dégagera des vocations, donc des prêtres. Et le prêtre retrouvera la place qu'il a toujours occupée dans l'Église. Sinon, ce que je crains, c'est un syndicat de laïcs pour la liquidation des institutions. » Une parole qui n'empêche pas Jacques Gaillot de militer pour une Église toujours plus décentralisée, où la responsabilité se partage, à l'instar d'autres religions chrétiennes. « La manière de nommer est désuète. On pourrait imaginer d'autres systèmes de cooptation. Pourquoi pas un évêque élu par la communauté ? » Même si le vent souffle dans l'autre sens, l'évêque d'Évreux garde son optimisme : « Ah, si les laïcs étaient responsables de la formation de leurs évêques ! » s'exclame-t-il dans une session.

Donner des responsabilités aux laïcs, ça marche ! Encourager les communautés à s'engager auprès des plus démunis, ça marche moins bien ! Le message de Jacques Gaillot : « Organisez-vous, puis soyez solidaires des autres, habitez un peu leur maison », ne passe que lentement. Dans les communautés rurales, la jachère remplacée par l'ADAP, c'est encore la jachère... En ville, le chômage, l'immigration, les droits de l'homme interpellent autrement.

Pour pallier ces carences, Jacques Gaillot a imaginé la tenue d'un synode. Le synode ? Un congrès de tous les chrétiens du diocèse qui se prépare pendant trois ans. L'évêque d'Évreux, mitre et crosse, l'a lancé en grande pompe de la cathédrale le 26 novembre 1988 – preuve qu'il fréquente parfois le somptueux édifice gothique. Tenir un synode n'a rien d'exceptionnel. Plusieurs diocèses ont réuni le leur. D'autres n'y songent même pas.

Il vaut surtout par son ordre du jour. Le pasteur des catholiques de l'Eure y a placé tout son programme : ouverture, engagement, solidarité. Clercs et laïcs doivent réfléchir à trois questions : « Là où vous vivez, qu'est-ce qui vous préoccupe le plus, actuellement ? Qu'êtes-vous en train de réaliser ? Qu'aimeriez-vous mettre en route ? » Des questions qui, telles qu'elles sont posées, pourraient intéresser des non-chrétiens !

En plein bicentenaire de la Révolution française, le prélat aimerait bien greffer au synode les valeurs de liberté, d'égalité, de fraternité : « C'est dramatique de voir combien l'Église peine à admettre ces idées nouvelles et, aujourd'hui encore, le défi de la modernité. Le monde s'est créé au contraire de l'Église. Il faut reconnaître ces valeurs de la laïcité, de la démocratie. Sans nostalgie du passé. Sans stratégies de reconquête, sans alliances politiques. » Le synode s'abritera-t-il sous le jeune arbre de la liberté, planté devant la cathédrale ? Pour prêcher l'exemple, l'évêque en tout cas diffère sa participation au pèlerinage de Lourdes – encore une fois – pour être le 14 juillet 1989 à Évreux.

Première phase du synode : l'expression des préoccupations de chacun, dans la vie de l'Église ou dans la vie quotidienne. Avec une arrière-pensée (ou une pensée première) : dialoguer sur des questions vitales de société comme le chômage ou la marginalité. Aucun questionnaire individuel n'a été préparé. L'évêque est parfois plus directif avec les clercs. Les gens doivent se rencontrer, s'interpeller, imaginer de nouvelles solidarités face à l'échec scolaire, la pauvreté, les problèmes de logement... Des contacts s'établissent bien, mais ils concernent les chrétiens engagés. Les autres hésitent...

Les constats sont parfois amers : les jeunes paraissent peu concernés. L'Église apparaît loin de leurs préoccupations. Même si l'évêque d'Évreux passe bien auprès des groupes qui souvent l'invitent. L'homme et son discours leur plaisent, la structure ne les attire pas. Les mouvements, les aumôneries végètent et les rares succès drainent plutôt la progéniture des milieux aisés. L'école des ministères, en revanche, intéresse des gens aux marges de l'institution. Le charisme de Jacques Gaillot fait basculer quelques communautés vers un peu plus de solidarité. Mais les chrétiens qui s'ouvrent ne compensent pas la léthargie de la majorité religieuse et pratiquante. L'évêque pourrait se demander, dans les mauvais moments, si, prenant le parti des exclus, il ne s'exclut pas parfois de la communauté chrétienne, ou au moins des bien-pensants qui forment le grand nombre. La désintégration sociale, thème favori du prélat, mobilise l'aile marchante – déjà sur la brèche à la mairie, au syndicat, à l'association de locataires ou de parents d'élèves – mais ne secoue toujours le gros de la troupe.

« Le synode nous provoque à devenir une Église de la proximité et de la rencontre. Une Église qui chemine humblement sur les routes humaines, pour qu'à travers elle l'amour même de Dieu rejoigne l'immense foule. Le véritable amour, c'est ce qui nous prend malgré nous, nous occupe jour après jour sans nous laisser le temps de nous regarder. Comme le père du ciel, le bon pasteur ne veut pas qu'aucun des "petits" ne se perde. Les "petits", ce sont les sans-abri, les sans-travail, les sans voix, les sans-papiers, les sans-amour…

« Le bon pasteur prend le risque de franchir toutes les barrières pour les rejoindre. Il va sur tous les rivages pour trouver celui qui est souffrant, affamé, humilié, opprimé, exilé. Je pense aux Kurdes qui ont

entamé une grève de la faim, pour obtenir le droit d'asile. Je leur exprime ici ma solidarité... »

Dans l'homélie qui conclut le synode, le 22 avril 1991, Jacques Gaillot s'adresse aux chrétiens présents. La priorité aux exclus est réaffirmée. On retrouve par ailleurs, dans les « directives d'orientation », nombre de préoccupations du prélat : priorité aux tiers et quart mondes, défense de la paix, place des divorcés, ordination d'hommes mariés, démocratie interne... Pas de condamnation dogmatique, même sur les sujets les plus délicats. Par exemple, « en vue d'une meilleure approche des problèmes d'éthique, de bioéthique, d'euthanasie... il est essentiel que les chrétiens s'engagent dans une réflexion et une prise de parole sur ces questions. »

Si le troupeau peine parfois à suivre, il en faudrait plus pour démoraliser notre prélat. Comme le répète un de ses collaborateurs, « il est solide et sait se battre. C'est un animateur qui ne déprime jamais. Mais capable d'autoritarisme envers ceux qui lui ont donné tant de bonheur[1]. Ce n'est pas toujours saint Gaillot ». L'évêque, il est vrai, ne ménage pas les prêtres. Il n'a pas l'attendrissement excessif de l'écologiste pour une espèce en voie de disparition. Le temps des prêtres est-il fini ? L'Église, en refusant les hommes, et plus encore les femmes, mariés, devra compter de moins en moins sur eux. Imagine-t-il déjà son diocèse réduit à quelques pasteurs, accompagnateurs intermittents de communautés qui bourgeonneraient ?

---

1. *Ils m'ont donné tant de bonheur,* c'est le titre d'un ouvrage de Jacques Gaillot aux éditions Desclée de Brouwer.

Les prêtres le trouvent parfois lointain, trop souvent hors des murs. Sa vitalité effraie parfois des hommes qui sont souvent des septuagénaires. Ses collaborateurs le poussent à freiner une activité débordante. Comment ralentir alors qu'il est persuadé que l'Église, trop longtemps immobile, doit justement changer parce que la société, elle, change ? « Jacques Gaillot est un diamant, note son ami de Gouville, il impose sa puissance de travail, il s'impose. Et les prophètes sont toujours solitaires. Il est difficile de les suivre. Il faut pouvoir assurer derrière eux. »

Chapitre 10

NUL N'EST PROPHÈTE EN SON PAYS

« Quand je sens que la question de l'ordination d'hommes mariés se pose dans le diocèse d'Évreux, comme pasteur, je la pose. Je ne cherche pas à faire campagne : que les prêtres soient mariés, pas mariés, qu'ils soient des hommes ou des femmes, qu'importe ? Je dis : nous avons besoin de ministres et on en aura encore plus besoin demain. Je n'ai pas de prétentions, mais étant donné que la question se pose, je la pose. » Personne, depuis Monseigneur Riobé, n'avait posé la question aussi crûment. Aux non-catholiques, *a fortiori* aux non-chrétiens, le problème paraîtrait sans grand intérêt, la déclaration bien anodine.

Que les prêtres se marient ou même vivent en concubinage, c'est la loi de la majorité des religions, c'est la règle de la plus grande partie des humains. Un observateur banal de la vie politique française comprend l'incongruité apparente qu'il y a, pour un évêque, à défendre la laïcité ; un Français moyen conçoit le vertige du chrétien bien-pensant à la vue du même prélat dans *Lui* ; un syndicaliste athée peut s'étonner de le voir défiler au milieu des grévistes. Chacun comprend que d'autres puissent y voir du culot, de la désertion ou de l'inconscience. On acquiesce ou on condamne, mais notre entendement n'est pas pris en défaut. Jacques Gaillot avait déjà secoué, voire trahi. Aux yeux de ses pairs, et de l'épiscopat, il fait pire. Pire qu'une provocation, un véritable blasphème : il propose le mariage des prêtres. Ou plus exactement l'ordination d'hommes mariés. Et même, aggravant son cas, de femmes. On supportait mal ses écarts de langage sur le cléricalisme ou ses mauvaises farces médiatiques... Cette fois, il traite d'un sujet tabou et dévoile le secret des délibérations. L'épiscopat – ses porte-parole au moins – ne supporte plus. C'est la guerre.

Un témoin extérieur ne manquera pas de s'étonner de la disproportion des réactions. Les déclarations antérieures de Jacques Gaillot paraissaient autrement sulfureuses que cette bénigne observation. Mais elles concernaient la société, et l'Église n'y était touchée que par ricochet.

Cette fois la critique vise le cœur même de l'institution. À la fois prémisse et apothéose, elle sous-tend une contestation généralisée de l'Église, dans une période où justement Rome ne supporte plus la libre appréciation des évêques ou des théologiens.

L'argumentation est pourtant simple : je suis évêque, je dois préparer l'avenir, il faut trouver des prêtres (d'ailleurs vous n'aimez pas mes communautés plus ou moins autogérées) ; il n'y en a plus ; je ne prétends pas qu'il s'agisse d'un remède miracle, en avez-vous un ? On ne cesse de me poser la question... Jacques Gaillot ne croit pas au miracle dans ce domaine, mais à un *aggiornamento* qui réponde à la difficulté d'être prêtre dans une société sécularisée.

Il l'a déjà dit à *Lui* : « Cela rendrait à toutes les communautés un réel service. Cela donnerait par ailleurs une autre image de l'Église. Si les besoins se font urgents, l'Église modifiera sa pratique. Elle a toujours réagi en état d'urgence mais peut-être ne sommes-nous pas assez pauvres et pas assez en état d'urgence ?... » Mais l'Église est-elle là pour rendre de meilleurs services et donner d'elle-même une meilleure image ? Le père Gaillot veut-il dire que les services sont médiocres et l'image mauvaise ? Délit de lèse-papauté ou de lèse-Lustiger, pour qui Gaillot est l'ennemi public numéro un ?

N'a-t-il pas aussi brisé le huis clos ? L'Église délibère dans le secret et le silence, à l'abri des regards – et des questions – indiscrets. L'évêque d'Évreux supporte mal cette opacité : l'Église a-t-elle peur du monde ? Preuve en tout cas que la symbiose avec lui se fait mal. Croit-elle qu'il suffise de lancer des proclamations ou des anathèmes pour inverser le cours de la société ? Jacques Gaillot n'aurait pas rompu le silence pour révéler l'intervention d'un autre. Mais puisqu'il s'agit de sa propre parole, puisqu'il estime que toute parole est bonne à dire (et à amplifier par le canal des médias), pourquoi la laisser s'effacer ou s'évanouir dans un milieu hostile ? Il n'est pas le premier à répéter aux journalistes ce qui se murmure dans les aréopages de prélats. Qu'est-ce qui est le plus grave ? Sortir d'un mutisme qu'il estime suicidaire ou pratiquer la politique de l'autruche ? L'épisconarcissisme ?

Dire tout haut ce que la majorité des chrétiens murmure, ou prier pour que jaillissent des vocations qui ne viennent jamais ? Les évêques regardaient Jacques Gaillot comme un petit frère turbulent et parfois irresponsable, certains désignent maintenant un véritable ennemi. Fraternité épiscopale oblige, on ne parle pas d'ennemi, tout au plus d'erreur, mais c'est tout comme...

Jacques Gaillot voit dans le recrutement de prêtres mariés « quelque chose qui humaniserait et transformerait bien des choses ». Il ajoute, jouant la masse contre ses représentants : « Ces questions ne sont pas réservées aux évêques. Elles appartiennent aussi au peuple de Dieu, dans la mesure où il prend conscience que l'Église, c'est son affaire. » Encore une proposition qu'en d'autres temps on aurait qualifiée d'hérétique : l'Église, c'est l'affaire des chrétiens. À eux de dire. Nous retrouvons une formule souvent répétée par l'évêque d'Évreux : qu'ils parlent et je me tairai. Quand on les questionne, par sondages interposés, ils approuvent la proposition du pestiféré.

L'ancien professeur de théologie est impressionné par le départ de milliers de prêtres mariés. Leur exclusion totale et définitive le bouleverse. Des lettres, des rencontres en témoignent. Pour lui, il s'agit d'un incompréhensible gâchis. Obligé d'éconduire ceux qui voudraient poursuivre leur sacerdoce, il ne comprend pas l'entêtement suicidaire de l'Église. D'autant que ces prêtres mariés étaient souvent les mieux insérés dans la société. En les chassant, l'Église s'écarte du monde, élargit le fossé qui la sépare de la vie quotidienne des gens. Elle se recroqueville dans son épiscocentrisme.

C'est bien le contact de la réalité qui inspire l'ancien séminariste : « Je n'avais pas ce sentiment il y a vingt ans. En tout cas pas à ce point. On n'appelle pas les gens dont on a besoin, on préfère attendre des jeunes qui ne se présentent pas. »

Il ne prend pas non plus son parti de la misogynie de l'Église : une femme ne peut exercer aucun ministère, il ne peut même pas nommer une femme diacre. Il a dit en octobre 1988 à Lourdes ce qu'il avait à dire, mais il ne croit pas au changement : Rome décide et les évêques français enregistrent ; la liberté dans l'Église est réduite au commentaire des certitudes.

Quand en 1993 Jean-Paul II réaffirme comme définitive l'impossibilité absolue d'ordonner des femmes prêtres, le prélat normand, en son for intérieur, juge que trop c'est trop. D'autant qu'il interdit maintenant qu'on débatte du sujet. Le dogmatisme, cette fois, passe les bornes. Il ne manquera pas de le dire, quitte à élargir l'abîme qui le sépare de Rome.

Entre une Église ouverte et missionnaire, et un rassemblement peureux des bien-pensants, les conférences épiscopales paraissent oublier Vatican II. Plus grave pour l'évêque d'Évreux : elles ne débattent plus, empêtrées qu'elles sont dans leur conformisme. Jacques Gaillot a posé une question. N'était le climat d'intolérance, il serait volontiers allé plus loin. Ne nous disait-il pas : « De quels responsables les communautés de chrétiens ont-elles besoin ? Je crois que ceux qui entrent au séminaire ne sont plus ceux dont l'Église a besoin... Nous faut-il des hommes, des femmes ? Mariés ou pas ? Ce n'est plus un problème de sexe ou de statut. L'Église doit en discuter. » Où sont les prêtres de demain ? La question est imparable.

À l'heure où on lui reproche de ne pas faire assez pour le Liban, notre prélat peut répondre malicieusement : « Les chrétiens ne savent pas qu'il y a des Églises orientales catholiques où le clergé est marié : en Grèce, au Liban, en Égypte. Admettez, avec les tristes événements du Liban, que les chrétiens soient obligés de venir en France, avec leurs prêtres mariés ; des chrétiens vont s'apercevoir qu'il y a des prêtres mariés et catholiques... »

Une demi-douzaine de prélats partagent sans doute le point de vue de l'évêque d'Évreux. Ils ne se sont pas manifestés publiquement. Jacques Gaillot est, lui, un habitué de la manœuvre. Il n'a pas cherché à les encourager à quelque déclaration commune. Peut-être sous-estime-t-il là une chance réelle d'élargir le débat. Mais l'évêque d'Évreux est un coureur solitaire.

S'il est montré du doigt (l'index, peut-être) par les hauts dignitaires de l'épiscopat français, il reçoit un formidable soutien du public chrétien. Un véritable plébiscite dans le courrier qui inonde son bureau ou celui du cardinal Decourtray ! Cinquante lettres par jour entre l'intervention à Lourdes (octobre 1988) et la rencontre avec l'archevêque de Lyon (février 1989), davantage après l'admonestation de Monseigneur Duval (avril 1994) ! Pour les spécialistes, ce rythme constitue un véritable événement, relayé par tous les quotidiens français. Jacques Gaillot, en jouant les médias contre le silence, a gagné. Chez les laïcs, que le problème inquiète moins que le pape, mais plus encore chez les prêtres. Près d'un millier lui écrivent, à 99 % pour lui apporter leur soutien. Certes, la France compte encore vingt-huit mille prêtres et la correspondance n'est pas un sondage. Mais l'évêque d'Évreux n'a pas lancé de pétition. Peut-on, avec Michel Pinchon, interpréter cette unanimité « comme une déclaration du clergé actuel au cœur de l'Église » ?

Le plébiscite n'incline pas vraiment à l'enthousiasme. L'amertume le dispute au pessimisme. Les plus âgés – la retraite est à soixante-quinze ans ! – qui, dans leurs villages, ne seront pas remplacés subissent l'angoisse d'un corps social condamné.

Pour les autres, l'espoir vient d'un flambeau repris enfin, dix ans après, à Guy Riobé. Celui-ci allait aussi loin dans la contestation : « Il faut que nous sachions entendre ces prêtres le dire avec une sincérité grave : leurs fonctions n'ont plus de sens pour eux, leur rôle social leur paraît très éloigné de l'Évangile, l'idéal du prêtre selon lequel ils avaient vécu leur semble anachronique. » Jacques Gaillot ne s'en étonnera pas, les prêtres mariés expriment leur solidarité : « Beaucoup ont gardé des liens avec leurs amis de séminaire ou de ministère. Ils ne voient aucun inconvénient à les voir reprendre des responsabilités dans l'Église… Beaucoup déplorent qu'on traite du sacerdoce comme d'un thème de théologie spéculative[1]. »

1. Michel Pinchon, *Cahiers du libre avenir,* mars 1989.

On comprend mieux les réactions exaspérées de l'épiscopat, à la lecture du courrier. Jaillit une véritable défense de l'esprit de Vatican II en même temps qu'une critique parfois ravageuse d'une Église dogmatique et pessimiste. On y retrouve bien sûr les thèmes sempiternellement défendus par Jacques Gaillot et, au-delà, par les théologiens qui contestent le virage à droite de l'Église : une Église adaptée au monde de ce temps, des prêtres qui satisfassent aux besoins des chrétiens, une Église qui ne soit pas nostalgique, un célibat librement consenti, une liberté de recherche et d'expression.

Les laïcs ne supportent plus « les huis clos ni les secrets de l'épiscopat sur des sujets qui les concernent tous... Le pape ne peut plus continuer à se réserver les décisions à prendre. Tous doivent être consultés dans une telle recherche : prêtres, religieux, laïcs, théologiens, historiens, évêques et pape[2] ». Les laïcs – les jeunes surtout – se demandent souvent à quoi sert le célibat, en quoi il pourrait être un avantage. Pourquoi l'Église reste-t-elle toujours négative quant à la place de la sexualité ? Jacques Gaillot, dans ses interventions, lui rend toute sa place. Comme il souhaite donner d'autres réponses au risque de sida ou à l'homosexualité.

Est-ce encore le tabou sexuel qui rejette les divorcés ou les divorcés-remariés de l'Église ? L'évêque d'Évreux ne se résout à aucune exclusion quand l'Église ajoute les siennes à celles que la société

2. *Idem.*

sécrète déjà en abondance : « Je n'encourage pas au divorce. Mais je refuse le tout ou rien. À ceux qui veulent se remarier, il faut offrir un accueil, une espérance. Je les accepte dans mon diocèse. » Il n'est pas hostile à une prière de célébration. Un mot qui risque de lui valoir quelques ennuis supplémentaires... avec une prochaine conférence épiscopale ?

Le formidable encouragement de l'opinion à Jacques Gaillot est autant un désaveu aux responsables de l'Église de France. Quand des milliers de lettres s'accumulent à l'évêché d'Évreux, des protestations, des pétitions aussi nombreuses envahissent la nonciature ou l'archevêché de Lyon, de Paris ou de Rouen ! Le pardon du pécheur n'en sera que plus délicat. Quelle pénitence imaginer pour celui par qui le scandale arrive ?

L'évêque d'Évreux n'a pas pour la conférence épiscopale un respect démesuré. Il juge ses pairs polis, aimables, souvent fraternels. Jacques Gaillot les retrouve avec plaisir. Mais dès que s'ouvre la conférence, il s'ennuie. À Lourdes, on ne débat pas, mais on intervient chacun son tour, après s'être inscrit. On pérore sur le sujet très vaste mis à l'ordre du jour, sans répondre à l'orateur précédent. On baigne en pleine liberté de parole... à condition de savoir se cantonner aux sujets qui ne choquent pas. Quand chacun a développé ce qui lui tenait à cœur, quand tout est dit, on vote quelques résolutions... venues d'on ne sait où. Des motions qui n'ont pas été discutées à Lourdes, qui n'ont pas nécessairement un rapport avec les sujets abordés. Considérant que la conférence a bien travaillé, on se sépare jusqu'à l'année prochaine.

Étrange démarche ? Banal fonctionnement d'appareil : « Parti ou Église, les structures ont un côté néfaste, elles ont oublié qu'elles n'étaient que des outils au service des peuples. Elles se croient des fins en soi. » La citation sort tout droit du bréviaire du maire d'Évreux.

« Mes préoccupations ne sont pas d'abord celles de l'Église et de sa survie », dit-il, après sa dernière visite en Haïti comme évêque d'Évreux. « C'est d'abord l'avenir de l'humanité : paix, dignité pour tous, sauvegarde de la création. Gérer l'appareil est sans intérêt si nous n'avons aucun impact sur la société. Oui, mon registre reste celui des théologiens de la libération. La boutique-Église, l'entre-soi bien au chaud ? Aucun intérêt, aucun avenir ! »

Lui si disert intervient de moins en moins à Lourdes. « Côté boulot, c'est nul. » Il se sent un peu au ban de l'assemblée. Quand vient la désignation des missions, des ambassades, des délégations, on oublie le père Gaillot dans la distribution : « Je me sens à l'écart, marginal, catalogué à part. » L'évêque d'Évreux, on l'a remarqué, ne cherche pas à faire acte de contrition, il ne manifeste ni repentir, ni agressivité. Quand le curé de la cathédrale lui demande s'il doit commenter en chaire les décisions de Lourdes, que son patron n'approuve pas, il reste flegmatique : « Lisez, commentez, on peut avoir des désaccords… »

Lors d'une assemblée épiscopale régionale, il lance à ses collègues : « Puisqu'il y a un petit problème Gaillot, parlons-en… » C'était la première fois que les évêques étaient conviés à répondre à pareille apostrophe. Ils ne s'en privèrent pas : « Pendant deux heures, ce fut une attaque en règle... erreurs pastorales... se méfier des médias... rester silencieux... Il encaissait. Les évêques sont formés à la fraternité, mais pas à la solidarité ! » Pas une voix, nous a-t-on raconté, ne s'éleva pour encourager ou seulement défendre l'ancien professeur de théologie. Pareille volée de bois vert le découragea de solliciter une seconde fois l'opinion de ses pairs.

Si les évêques « ne font pas dans la nuance » à son égard, Jacques Gaillot le leur rend bien. Il a, pour l'assemblée épiscopale, des mots très durs... et des gestes significatifs. En 1988, il arrive à Lourdes avec une journée de retard... et repart sitôt son intervention faite. Les assemblées suivantes se font partiellement buissonnières. En novembre 1993, un huis clos discute des difficultés dans l'institution. L'évêque iconoclaste avait remis au *Monde,* plusieurs semaines auparavant, un article sur la crise de l'Église. Hasard ou coïncidence, il est publié en pleine réunion. L'assemblée est scandalisée. « Une fois de plus, s'indigne Monseigneur Duval, le président, l'évêque d'Évreux prend ses distances par rapport à l'épiscopat et par rapport à Rome. »

On comprend que ses adversaires y voient du mépris... Lustiger, le cardinal-archevêque de Paris, va plus loin. Il considère Gaillot comme un irresponsable, un gauchiste, un traître à l'institution. Les deux hommes n'ont pas eu, depuis longtemps, la moindre explication. « Gaillot détruit l'Église », aurait-il dit.

Jacques Gaillot pourrait pourtant trouver à Lourdes cinq ou six acolytes, plus timides, moins médiatiques, moins prophétiques ou moins provocateurs. On cite souvent Deroubaix, Lacrampe, Delaporte… Mais l'évêque d'Évreux ne tente pas vraiment de leur proposer une réunion, moins encore de structurer un groupe de prélats. Le voudraient-ils d'ailleurs, au risque d'être entraînés par l'évêque d'Évreux bien au-delà de ce qu'ils souhaitent ? S'ils partagent les inquiétudes ou les récriminations de leur collègue, ils ne souhaitent sans doute pas utiliser les mêmes canaux de protestation. La spontanéité de leur collègue ne facilite pas leurs encouragements.

L'évêque d'Évreux est souvent bien seul, mais le recrutement de disciples parmi ses pairs n'entre pas dans son programme. La première parole de notre premier entretien avec Jacques Gaillot était symptomatique : « On parle trop de l'évêque d'Évreux, pas assez des questions qu'il pose. » Modestie obligeait ! Mais l'évêque d'Évreux fait-il assez pour que les questions posées cheminent chez les pasteurs du « peuple de Dieu » ?

CHAPITRE 11

LES AILES COUPÉES DE L'ARCHANGE

Comment mettre l'évêque d'Évreux au pas sans provoquer trop de remous ? Le prélat après tout est maître en son diocèse. Seule Rome peut lui demander sa démission. Justement, Rome a beaucoup à faire en ce début d'année 1989 et ne souhaite peut-être pas se pencher sur l'un des plus turbulents parmi les deux mille cinq cents évêques.

Le Vatican fait face à la rébellion de centaines de théologiens européens qui dénoncent l'Église dogmatique et monolithique qui succède à Vatican II. Depuis quelques années, triomphe ce qu'on a appelé le « retour des certitudes ». Autrement dit, la tentation de reprendre en main la société, de lui dicter la marche à suivre. C'est le retour à l'Inquisition façon Radzinger, bras droit du pape et préfet de la Congrégation pour la doctrine de la foi. C'est l'amputation progressive de Vatican II, le repli après l'ouverture, les admonestations aux États et plus encore aux Églises locales.

Rome se mêle en particulier des nominations d'évêques – conservateurs – contre le souhait des fidèles.

En Autriche, elle impose des prélats contre le vœu de la population locale; en Amérique latine, elle reprend en main une Église trop proche des théologiens de la libération. Dernier avatar de l'année 1989 : elle écarte en Haïti les prêtres artisans de la chute du régime duvaliériste. Le père Aristide, expulsé un an plus tôt de l'ordre des salésiens, dénonce l'action du nonce Paolo Romeo et des évêques locaux : « Rome veut freiner les expériences de rénovation de la foi qui s'efforcent de répondre au défi d'une Église pauvre parmi les pauvres, d'une Église proche du peuple. » On pourrait multiplier les exemples.

L'option des pauvres – que l'évêque d'Évreux désigne plus volontiers sous le terme plus large d'exclus – figurait pourtant au premier rang des préoccupations de Vatican II. La papalisation de l'Église s'exerce en particulier contre cette priorité-là : « Si les débats font défaut, si la démocratie s'affaiblit, c'est que Rome exerce sa mainmise sur les Églises locales. » Jacques Gaillot le dit. Beaucoup d'autres aussi. Le pape, champion patenté des droits de l'homme devant l'opinion publique, apparaît comme le chef d'une Église qui les respecte mal.

Autre entorse à l'esprit de Vatican II : un nouveau serment de fidélité exigé de tous ceux qui ont un rôle dans l'Église. C'est l'*Osservatore romano* du 7 mars 1989 qui l'annonce. En reviendrait-on au fameux serment antimoderniste prononcé encore par tous les prêtres sous le pontificat du très réactionnaire Pie XII?

Il s'agirait en tout cas de jurer obéissance à l'enseignement moral de l'Église. Tout un programme ! De la contraception aux luttes de libération en passant par le divorce ou les maladies sexuellement transmissibles, la morale s'insinue partout ! Ceux qui prêtent serment devraient aussi manifester leur soumission au « magistère authentique », c'est-à-dire à la hiérarchie. Et comme le pape peuple les structures des hommes les plus dévoués au Saint-Siège...

Mais Rome est sans doute allée trop loin. La résistance s'organise. En France, *Témoignage chrétien* lance une pétition qui dépasse les frontières habituelles de la gauche chrétienne : « Le refus de voir un film, si contestable soit-il, les interdits moraux répétés, l'autoritarisme et le cléricalisme, les pressions du Vatican dans les nominations d'évêques, dans les débats bioéthiques, autour des théologies de la libération, donnent actuellement de l'Église et de l'Évangile un visage tronqué. Non, la bonne nouvelle n'est pas dans ces raidissements peureux. Elle est d'abord une espérance, une marche à la suite de Jésus, une force d'amour que nous recevons de Dieu, un chemin contre toutes les exclusions, pour la paix, la justice. »

D'autres initiatives apparaissent. Comme celle du collectif Jonas qui rassemble vite mille cinq cents prêtres et dénonce « la démobilisation de nombreux chrétiens, un repli frileux sur la pratique religieuse (quand elle existe encore), un poids accru du centralisme romain sous forme de nominations d'évêques pour "remettre de l'ordre" dans l'Église, de déclarations sur l'éthique présentées comme dogmes intangibles... » Ces prêtres-là souhaitent associer « l'obéissance et la recherche de la vérité, la communion et le libre débat, la tradition et le langage de notre temps, l'identité chrétienne et l'ouverture aux hommes de bonne volonté ».

Bien sûr Jacques Gaillot s'inscrit dans ce courant. Il n'est pas moins sévère : « Cette capacité de résistance me semble un signe de santé. On ne peut faire n'importe quoi avec le peuple de Dieu... Les désaccords doivent s'exprimer. Ce qui se vit à la base est important et l'Église le cache parfois dans l'image qu'elle donne à l'extérieur. » Il a souvent dénoncé le manque de débats ou les sujets tabous dans l'Église. La précipitation aussi. Bien sûr, sa critique est plus gênante que celle d'un théologien sans responsabilité ecclésiale. On s'est habitué à des prélats dociles, fonctionnaires sans états d'âme d'une machine trop semblable à celle des États. Difficile de ramener Jacques Gaillot à l'« obligation de réserve » qui musèle parfois les serviteurs de notre République ! D'autant qu'elle n'est inscrite nulle part dans les doctes principes de l'Église.

Le Vatican, déjà engagé au nom du monolithisme sur plusieurs fronts, préférerait laisser à d'autres le risque de se salir les mains. Pourquoi les dirigeants de la conférence épiscopale française ne se chargeraient-ils pas de ramener l'évêque d'Évreux à plus de prudence ? Ce que *Le Canard enchaîné* traduit en langage délicatement profane par : « Chargé par le Vatican de casser du Gaillot, Decourtray essaie de mobiliser les mitres contre le sulfureux évêque d'Évreux. »

En janvier 1989, le cardinal-archevêque de Lyon envoie une lettre aux cent vingt évêques de France : le cas Gaillot sera traité en petit comité. Les responsables de l'épiscopat trancheront à la mi-février !

Pourtant le projet de condamnation tourne court. Si le prélat pousse le parler-vrai aux limites du supportable, il n'est pas schismatique. Ses propositions inadmissibles de Lourdes ne cachent aucune velléité sécessionniste. Quelques-uns reconnaissent son évangélisme, fût-il inopportun et bavard. Si Gaillot exaspère les évêques, ils ont d'autres préoccupations. Ils subodorent la pression romaine, par Decourtray interposé. Et, justement, un certain nombre supporte de plus en plus mal l'interventionnisme du Vatican.

Le vieux réflexe gallican resurgit. D'autant que la mansuétude vaticane à l'égard des supporters de Monseigneur Lefebvre ne les ravit pas. Se répand doucement l'impression désagréable qu'il pourrait y avoir deux poids deux mesures. D'un côté on facilite l'insertion dans l'Église catholique des prêtres ordonnés par Lefebvre. On les recase parfois sans même prendre l'avis de l'évêque du lieu. De l'autre, on condamnerait ouvertement Gaillot qui n'est tout de même pas hérétique. Il ne cesse de se référer à Vatican II.

Les traditionalistes manifestent justement le 29 janvier 1989 à Paris devant la nonciature. Ils réclament la révocation du satanique évêque. Ils l'ont d'ailleurs proclamé depuis longtemps : « Nous ne lâcherons pas l'évêque d'Évreux ! » Pour beaucoup d'évêques, pour les censeurs, un soutien bien encombrant ! Mêleront-ils leurs voix aux nostalgiques de l'Église préconciliaire ? Il n'y aura pas de bûcher pour Jacques Gaillot. En tout cas, pas de mise à l'index avec la bénédiction de ses pairs. Ils ne le soutiennent pas, bien sûr, mais ils balancent à le condamner. Un sursis pour l'évêque d'Évreux ?

À défaut de le condamner, on peut toujours entraver la propagation de sa mauvaise parole hors des frontières du diocèse normand. On peut couper le fil ou débrancher la prise. Le 15 janvier 1989 éclate l'affaire Gabriel. Gabriel, c'est le nom du serveur Minitel de *Chrétiens média*. Organisme dépendant directement de l'Église de France (section Commission de l'opinion publique et des moyens de communication sociale), *Chrétiens média* propose à Jacques Gaillot de répondre aux nombreux correspondants qui l'interrogent. Gabriel mettra en contact direct avec l'évêque d'Évreux. Gabriel s'installe rue Saint-Louis, à l'évêché. On branche Gabriel. Tout est prêt. La ligne peut fonctionner.

La ligne ne fonctionnera jamais. *In extremis,* l'épiscopat – les deux cardinaux probablement – demande à Monseigneur Fihey, un évêque à la réputation d'ouverture, de tout débrancher.

Il est temps d'arrêter Gaillot. Au moins de couper un micro que l'Église contrôle. Pas besoin pour cela de la bénédiction de tout l'épiscopat. On coupe les ailes de l'archange : Gabriel ne portera plus n'importe quel message. On pouvait, par le biais du Minitel, dialoguer sans intermédiaire, ouvrir un débat, on préfère interdire. Le coupable est enfin puni. L'évêque trop prolixe fera pénitence. Dieu merci, il y a peu d'endroits où l'Église puisse empêcher l'ancien professeur de parler !

Ce type de mise au pas a un avantage immédiat : on punit un prélat qui parle trop sans le dénoncer publiquement. Mais le procédé apparaît vite jésuitique. Et l'hypocrisie des censeurs ramène un peu plus l'opinion – chrétienne ou non – vers l'évêque d'Évreux. Les responsables de l'épiscopat ont longuement hésité. Finalement, ils préfèrent sanctionner l'un des leurs, renforçant ainsi le sentiment de restauration cléricale. Comme le titre *Témoignage chrétien* : « L'Église serre les boulons », au risque de provoquer de nouvelles hémorragies sur son flanc gauche. Jacques Gaillot, que la mesure semble affecter plus que de coutume, y voit l'influence de cette « fraction qui refuse l'autonomie de l'homme, un courant malheureusement très influent ». Lui qui aime batailler aux frontières risque d'y rencontrer le scepticisme de ces chrétiens qui quittent l'institution, « perdant la force de combattre ».

Les responsables de l'épiscopat veulent lui appliquer la « stratégie du *containment* ». Celle que les Américains utilisaient au Vietnam. Ils espéraient arrêter le communisme, en lui coupant tout moyen d'expression, ils croyaient éradiquer le mal par un déluge de feu. Il ne s'agit, contre l'évêque d'Évreux, que d'une pauvre salve dans un tout autre environnement.

Dans un État démocratique, la suite le prouvera, la censure favorise rarement celui qui la manie. L'opinion est plus scandalisée encore quand elle vient d'une institution qui peine tant à promouvoir les droits de l'homme en son sein. Elle peut se retourner contre ses auteurs surtout quand ils exigent à l'extérieur ces mêmes droits qu'ils refusent à la communauté des chrétiens. Au nom d'une vérité immuable qui leur aurait été révélée ? Décidément, Jacques

Gaillot, qui aime tant la Révolution française, devra expliquer longtemps autour de lui le b.a.-ba de la Déclaration des droits de l'homme.

Les évêques connaissent-ils si peu les canons de la communication qu'ils préfèrent, jetant l'interdit, se mettre tous les rieurs à dos ? Le cycle provocation-répression leur est-il à ce point inconnu ? Pour un micro qui se ferme, combien vont se tendre ? Les réactions sont d'autant plus vives qu'on ignore qui a pris la décision. Fidèle à sa tradition de mutisme, l'Église ne dit pas où et quand s'est prise la décision. « Sans aborder nécessairement tous les problèmes de notre temps, il s'agit de créer un mouvement irréversible qui replace l'Église dans son temps, qui préfère le culte de l'homme à la distribution des anathèmes ou à l'usage de la langue de bois. »

« Au nom de la plus élémentaire liberté, laissez-moi appeler cet évêque, lui parler. Ne coupez pas cette communication. » Ce cri résume les autres. Des questions surtout, que Michel Pinchon récapitule[1] : « De quoi l'épiscopat français peut-il avoir peur ? Que peut-il craindre ? Qu'a-t-il à redouter quand l'un de ses membres s'exprime publiquement ? Que l'évêque d'Évreux aborde des sujets brûlants pour l'époque ? Qu'il soit à l'écoute de ce que vivent les hommes de ce temps ? Qu'un évêque non autorisé avance des réponses adéquates ? »

Les encouragements excèdent largement le courrier reçu chez lui. Jacques Gaillot, grisé, pourrait

1. *Cahiers du libre avenir,* juin 1989.

riposter en utilisant d'autres canaux. Mais il n'est pas homme à structurer le mouvement qui le porte, à organiser un courant ou une faction. Des supporters l'y encouragent. S'il est dans sa fonction un extrémiste, il est un homme seul, un de ces individuels peu portés à la course d'équipe. Surtout, il ne s'est jamais imaginé hors de l'Église de France. Aux confins par sa pratique, il est, il restera un légitimiste.

Tout le rattache à la tradition catholique, apostolique et romaine. « Je n'ai jamais imaginé appartenir à une autre Église. Jamais », nous confiait-il. Son insolence, sa persévérance à poser des questions (qui sont souvent autant de réponses) lui suffisent. Et les médias ne lui manquent pas. Pour un Gabriel perdu, dix gazettes nouvelles ! Peut-être est-il prophète, donc hérétique. Schismatique, sûrement pas.

Rompu par six années de turbulence, il est même devenu meilleur tacticien. Il sent l'isolement qui le menace, l'étau qui se resserre. La dénonciation de la société, même au-delà du « raisonnable », gêne moins l'Église que les aigres remarques sur l'institution. À franchir trop souvent les bandes jaunes, on risque le retrait, la convocation, la confiscation par Rome. Jacques Gaillot annonce de lui-même une visite au Vatican. L'homme reste fidèle à ses habitudes. « J'ai demandé à être reçu par le pape. » Les médias répercutent.

L'évêque d'Évreux propose, le successeur de saint Pierre dispose. Rome se méfie : Jacques Gaillot ne sera pas reçu par le pape. Le nonce transmet le refus sans la moindre motivation. Il attendra son tour, qui revient tous les cinq ans : la visite *ad limina*. Après l'interdiction du Minitel, le prélat encaisse un second coup de règle sur les doigts.

Coup de règle ou coup de bluff ? À observer plus attentivement, chacun peut trouver son compte au rendez-vous annulé. Côté pontifical, on joue la prudence, on souhaite éviter une déclaration intempestive du prélat à Rome, on rassure les évêques les plus exaspérés par leur collègue normand. Le froncement de sourcils leur fera plaisir sans inquiéter vraiment l'évêque d'Évreux.

Rome est rendue prudente par la levée de boucliers ici et là. On ne traite pas le problème à chaud, on a tout intérêt à ce que l'Église de France trouve une solution, fût-elle provisoire.

Jacques Gaillot, lui, manifeste sa bonne volonté, son désir de dialogue. Peut-être demande-t-il à être reçu quand il sent le risque d'être convoqué. Dommage pour les questions qu'il avait minutieusement préparées, concernant la « nouvelle évangélisation de l'Europe ». Mais l'enfant chéri des médias trouvera sans peine le moyen de les poser ailleurs ! Bref, la non-rencontre vaut peut-être l'ambivalence d'une accolade, même si la sécheresse du refus déçoit l'évêque d'Évreux.

Le prélat contestataire voulait éviter l'isolement. Populaire chez les prêtres et les laïcs, il sent le risque de marginalisation au sommet de la hiérarchie des clercs. À s'être trop écarté des sentiers battus du conformisme ecclésiastique, il se sent isolé. Un homme à part. Seul en terrain découvert, il est dans la ligne de mire de ses collègues et de ses ennemis. On tolère d'autant moins son comportement qu'il a placé la barre de la contestation sur le plus haut taquet. C'est l'institution elle-même qu'il a critiquée. Et une institution aussi pesante et hiérarchisée que l'Église catholique ne supporte pas toujours les coups de boutoir de l'un des siens. Comme d'autres, elle risque d'isoler pour mieux frapper. Peu importe que l'évêque d'Évreux soit soutenu avec enthousiasme par les courants les plus novateurs de l'Église catholique ! Une institution deux fois millénaire en a vu d'autres ! Menacée, ridiculisée parfois, elle risque d'envisager un traitement de choc, une opération chirurgicale peut-être. Le prix à payer, dans ce cas, n'est jamais trop lourd pour un appareil.

Franc-tireur, le prélat doit recoller au gros de la troupe, quitte à envisager plus tard d'autres expéditions solitaires. Le souci tactique, après sept ans d'expérience, progresse. Pour poursuivre la marche en avant, un pas en arrière !

L'évêque d'Évreux souhaite une confirmation... la confirmation qu'il est bien évêque d'Évreux. Comment l'obtenir, sinon auprès de ses pairs ou du premier d'entre eux, le cardinal-archevêque de Lyon ? Monseigneur Decourtray alertait quelques semaines avant ses collègues sur le danger Gaillot. Cette confirmation-là vaut bien une messe. On se rencontrera donc. Pas pour une messe, mais pour un communiqué et une photo. « J'ai souhaité une rencontre pour prouver que je ne suis ni un évêque à son compte, ni un évêque laissé de côté. Il fallait que la solidarité de l'épiscopat apparaisse. »

Du petit déjeuner avec le primat des Gaules le 15 février 1989 sort un communiqué commun. Pour le grand public, c'est un coup de théâtre : le porte-parole de la contestation dans l'Église est-il allé à Canossa ? A-t-il, pour prix de la reconnaissance de ses collègues, abjuré ou fait allégeance ? Les premiers titres de la « grande presse » le feraient croire. Les trois premiers articles d'une déclaration commune qui en compte huit paraissent le confirmer.

« Nous nous sommes rencontrés ce 15 février 1989. Notre échange nous a permis de constater l'identité de notre foi d'évêque catholique dans la fidélité à la mission que l'Église nous a confiée. Nous avons tenu, dans les circonstances actuelles, à rappeler que notre fidélité s'exprime notamment, comme pour tout évêque catholique, sur les points suivants :

« 1) Confession de la foi de l'Église catholique romaine, telle qu'elle est professée dans la déclaration solennelle de Paul VI, le 30 juin 1968.

« 2) Accord et docilité à l'égard du magistère du Saint-Père. Enseignement, avec l'Église, de ce que le pape Jean-Paul II enseigne dans ses encycliques et ses exhortations apostoliques. Adhésion en particulier à la doctrine de l'Église concernant la justice sociale et la paix dans le monde, la vie familiale et la moralité sexuelle.

« 3) Fidélité à la discipline canonique dont les évêques sont, par mission, les garants. Reconnaissance de l'importance spirituelle de la pratique latine de n'appeler au ministère sacerdotal que des hommes ayant choisi le célibat pour le Royaume. Réaffirmation du bien-fondé de cette loi dans le sens donné par Vati-

can II, Paul VI (Sacerdotalis coelibatus) *et Jean-Paul II (dans sa* Lettre aux prêtres du Jeudi saint, *1979), surtout lorsque certaines circonstances ou certains mouvements d'opinion ravivent ce débat.»*

On l'a tout de suite compris : la déclaration n'a rien à voir avec le style Gaillot. Elle sent la rédaction épiscopale, voire la dissertation pontificale. La jargon décrypté et traduit en français vulgaire nous incline à penser :

– que l'évêque d'Évreux ne se compare pas à Monseigneur Lefebvre, schismatique ;

– que Jacques Gaillot devra manifester plus de retenue, de « docilité » sur les sujets dont le pape traite dans ses encycliques ;

– que le célibat des prêtres n'est surtout pas un sujet à débattre.

Même en laissant de côté les formules obligées qui enluminent toujours ce type de proclamation, les articles 2 et 3 critiquent l'action passée de Jacques Gaillot. Les articles 6 et 7 paraissent aller dans le même sens :

« 6) Attention critique à ce que certaines déclarations ont pu avoir d'ambigu, d'intempestif, d'acerbe, peut-être même d'erroné. Étant avant tout au service du peuple de Dieu, les évêques doivent unir leurs forces pour apporter, à chacun des fidèles, accueil et lumière et, à tous, concorde et paix.

« 7) Nécessité d'une concertation pour éviter que la diversité des opinions pastorales n'entraîne des dis-

sonances ou des oppositions préjudiciables à la charité. Vigilance particulière pour que les déclarations publiques ne mobilisent pas l'opinion en des conflits contraires au bien commun de la société et à la force du témoignage chrétien.»

En fait, l'incertitude est totale. Sur « l'accueil et la lumière » que chacun peut réaliser à sa guise. Plus encore sur « certaines déclarations ». Lesquelles ? Celles de Jacques Gaillot sur le commerce des armes plus grave que la « dissolution » des mœurs ? Ou celle d'Albert Decourtray sur la prévention du sida ? Quant aux « dissonances » ou aux « conflits contraires au bien commun », chacun peut désigner la partie adverse. Avec des arguments multiples. Et toute la « force du témoignage chrétien ».

Restent trois articles qui font droit aux revendications de Jacques Gaillot... et d'autres évêques :

« Sollicitude pastorale pour les marginaux et les exclus... appel à tous les fidèles, laïcs et prêtres, à partager cet amour préférentiel...

« Reconnaissance de la diversité des dons, des charismes et des gestes que l'Esprit saint suscite... Accueil de la diversité des sensibilités et des témoignages nécessaires à l'évangélisation de notre société...

« Reconnaissance de la responsabilité personnelle de chaque évêque en son diocèse... »

Partisans et adversaires de l'évêque d'Évreux paraissent déçus. Les premiers regrettent le renoncement et craignent une rentrée dans le rang. Un certain flottement transparaît jusque dans le courrier de Jacques Gaillot. Ses supporters, qu'on sait aux marges de l'Église, prêts à claquer la porte à un nouvel accroc à Vatican II ou à une mesure autoritaire, redoutent la conclusion d'une épopée. Elle est parfois ébranlée, la confiance qu'ils ont dans l'évêque d'Évreux ! Le prélat s'en étonne. Il n'était pas mécontent d'un texte qui lui paraissait équilibré, il l'avait d'ailleurs soigneusement préparé. Inlassable pédagogue, infatigable pèlerin, il expliquera. Plus que sur les discours, il compte sur sa pratique du métier d'évêque pour imposer le meilleur des démentis.

Les autres escomptaient la condamnation nette que laissaient espérer les premiers articles. Un tel texte a-t-il d'autre usage que tactique ? *Il est une foi* parle de « caricature ». Et l'éditorialiste de *La Vie catholique* conclut : « Un des grands dangers qui guettent notre Église est l'épaisseur des silences et l'accumulation des indifférences[1]. » Silence aux déshérités ? Indifférence aux exclus ? Un langage très Gaillot qui retrouve dès le lendemain son parler-vrai. Aux journalistes de la presse catholique, le 16 février, il résume l'accord. Avec un style redevenu accessible. Et dans une interprétation qui retient les acquis les plus profitables à son combat :

« C'est pourquoi le père Decourtray et moi-même avons eu la volonté d'aboutir rapidement, en tenant compte de plusieurs points :

---

1. *Il est une foi,* mars 1989 ; *La Vie catholique,* 23 février 1989.

« – d'abord dire ensemble notre communion dans la foi de l'Église catholique ;

« – redire qu'il n'y a pas d'exclus pour l'Évangile, qu'il n'y a pas de terre étrangère à l'Évangile ;

« – reconnaître une légitime diversité dans l'épiscopat, en fonction des sensibilités et des approches différentes ;

« – améliorer notre concertation entre évêques et, dans la mesure du possible, favoriser un débat entre évêques ;

« – souligner la responsabilité personnelle – et je dirais inaliénable – d'un évêque diocésain. Personne ne peut se substituer à lui, sans sa responsabilité. »

Pour Jacques Gaillot, l'essentiel – le parti des exclus, l'Église en prise directe sur la société, le droit à la différence... – est sauf. Même s'il a fallu souscrire à quelques truismes, à des formules vieillottes, voire à certaines marques de soumission. Même s'il sent qu'on l'a toujours à l'œil. Il le redira en août 1989 à France Inter : « Je suis sous haute surveillance. »

Le voilà muni de la solidarité de ses collègues. Indispensable viatique, dont ses amis ne mesurent pas toujours le prix. L'évêque d'Évreux y espère un répit ou une interruption dans cette mise à l'écart qu'il pressentait. Le texte, que les exégètes peuvent interpréter à l'envi, le rassure. Lui redonnant un label d'orthodoxie catholique, il met fin à bien des rumeurs. L'avenir dira vite qu'il n'est pas allé à Canossa, qu'il ne s'est pas converti au « discours monopolistique d'Église ». Qu'il reste bien lui-même. On s'en aperçoit quelques jours plus tard au club de la presse d'Europe 1 dont il est l'invité. Les médias, encore les médias... Au risque, comme dit si bien l'article 6, de déclarations « ambiguës ou intempestives ». La trêve, en fait, ne dure pas.

Décembre 1991 : Jacques Gaillot est en Allemagne. Les années quatre-vingt-dix marquent une inflexion des déplacements vers l'étranger. Ses collègues français ne raffolent pas de voir ce prophète-là chez eux. Guerre du Golfe où il se singularise de nouveau... Polynésie, Afrique...

L'évêque d'Évreux participe à la recollection de cent cinquante prêtres allemands. Un prélat du Vatican, membre du secrétariat d'État, le salue.

« Bravo pour le rapport de votre vicaire général, lui lance-t-il en substance. Élogieux... De nature à impressionner favorablement Rome avant votre visite *ad limina.*

« – Le rapport ? Quel rapport ? »

Jacques Gaillot tombe des nues. Il n'entend rien à cette histoire.

« – Je vois que votre vicaire général, comme on le lui avait demandé, a bien gardé le secret. Tant mieux, ce n'en est que meilleur. »

Avec l'aide de son interlocuteur, qui en a déjà trop dit pour ne pas en avouer davantage, notre évêque comprend. Un an plus tôt, le nonce a demandé à Jean-François Barjonneau un rapport complet sur le diocèse, incluant le comportement, les méthodes, les habitudes d'administration, les priorités... Top secret, bouche cousue ! Personne ne doit savoir, surtout pas l'intéressé. Le vicaire général, qui entretient les meilleures relations avec son « patron », estime qu'il n'a pas le choix. La demande est un ordre. Il s'exécute.

Le rapport, qui n'a été publié nulle part depuis cette date, est globalement positif. Même s'il introduit certaines nuances. Le conflit avec le Vatican prend une autre tournure. Un registre nouveau s'ajoute à ceux plus classiques que chacun connaît : l'espionnage. Rapport confidentiel sur un proche, comment appeler cela autrement ?

De retour à Évreux, l'évêque interpelle son subordonné : « C'était bien la peine ! J'ai sué sang et eau pour ce rapport qui s'ajoutait à mes tâches habituelles. On m'avait promis que le document ne sortirait pas des mains du nonce. Et voilà que les photocopies circulent… »

Effectivement. Jean-François Berjonneau a fait un rapport honnête, selon sa conscience. Mais il le reconnaîtra : il s'est montré naïf, lui qui partage beaucoup avec Jacques Gaillot, notamment son souci de défendre les immigrés. Au point, le synode achevé, de rejoindre à Paris la pastorale des migrants, après dix ans passés dans l'ombre de l'évêque.

L'existence du texte est révélée deux ans plus tard par *Golias*, cette revue catholique qui n'a pas la langue dans sa poche : « Nous découvrons alors que le secrétaire d'État du Vatican (c'est-à-dire les services du Premier ministre de Jean-Paul II, le cardinal Soldano) s'est adressé directement – *via* la nonciature ? – au plus proche collaborateur de l'évêque d'Évreux… afin que celui-ci établisse un rapport circonstancié sur son évêque : enquête de personnalité et évaluation du programme ! Bien entendu, la consigne lui a été donnée de rédiger ce mémoire sous le sceau du secret le plus absolu. Il s'agit d'un rapport pour le pape en personne [2]. »

Le même média, un peu plus tôt, publiait un « Trombinoscope pour épiscopes ». Jacques Gaillot y obtenait la note maximum de cinq mitres avec la mention : « Le seul évêque que sa nomination a converti. A compris la modernité dans son essence même. Met en pratique une liberté d'esprit – sa liberté d'esprit – que nombre d'évêques s'interdisent du fait de leurs fonctions. » Le jury concluait : « Handicap : a un concile d'avance. »

C'est justement ce que le pape lui fait sentir quelques jours plus tard, le 15 janvier 1992, lors de la visite *ad limina* des évêques de France : « Chantez davantage avec le chœur » de vos collègues. Mais le prélat est arrivé cette fois en position de force. Il garde vis-à-vis de l'extérieur le secret sur ce qu'il vient d'apprendre. Et si d'autres mémoires avaient été demandés, qui s'ajouteraient à ceux qu'adressent spontanément ses adversaires ?

Éternel accusé, il peut cette fois contre-attaquer : « À Monseigneur Gantin [le préfet pour la congrégation des évêques] je n'ai pas mâché mes mots. Je lui ai dit combien j'appréciais le fonctionnement de Rome. Utiliser mon plus proche collaborateur pour un rapport secret ! Les méthodes de la Stasi ! Je me souviens

---

2. *Golias*, octobre 1994.

d'avoir employé le mot. Comment aurais-je confiance ? De tels procédés ne peuvent que desservir l'Église. »

La méthode s'apparente à celle en usage dans certains grands appareils, vis-à-vis des collaborateurs d'un PDG, par exemple. Enquête de moralité ? Soupçons quant aux relations avec la concurrence ? Jacques Gaillot sent bien, comme il le dit lui-même, qu'il est « dans le colimateur ». Et s'inquiète des dégâts causés à son entourage : certains savaient, d'autres pas ; qui va maintenant épier, qui, créant un climat délétère de suspicion généralisée ? Quelques-uns pensent, à tort aux yeux de l'évêque, que « Jean-François a trahi ». N'étaient le charisme et l'optimisme naturel de Jacques Gaillot, la bombe à fragmentation aurait pu faire plus mal.

Monseigneur Gantin se défend : « Nous recevons des plaintes, nous avons donc besoin de renseignements. » Pour la victime, l'affaire est limpide et révélatrice des méthodes de l'institution : « Un fonctionnement autoritaire, démoniaque, qui serait perçu comme scandaleux dans la société civile, mais que l'Église, elle, ne regarde pas comme tel... La Curie me considère décidément comme un ennemi. »

Elle non plus ne paraît pas décidée à « lâcher » Jacques Gaillot.

Chapitre 12

NOUS NE LÂCHERONS PAS L'ÉVÊQUE D'ÉVREUX

Dix ans après son arrivée, les adversaires de l'évêque d'Évreux n'ont pas désarmé. Complot ? Les récriminations, sûrement, n'ont jamais cessé depuis les premières prises de position de Jacques Gaillot. Plus ou moins de ferveur ou de découragement, suivant les périodes. Jamais le chapelet de reproches ne s'est interrompu, à destination de Rome. Là-bas, autour des éléments réactionnaires de la Curie romaine, on a toujours prêté grande attention aux plaintes contre le prélat rebelle. Venues par l'intermédiaire du nonce apostolique à Paris ou directement diligentées par l'Opus dei. Monseigneur Ratzinger et Monseigneur Tauran sont aux avant-postes.

Des pétitions de temps à autre. De multiples et discrètes interventions d'élus proches, du Mouvement pour la France (Philippe de Villiers, Christine Boutin, Bernard Seillier...), des personnalités proches des mouvements intégristes ou charismatiques. Ceux qui ne se reconnaissent évidemment pas dans cette définition, répétée une nouvelle fois par l'évêque d'Évreux : celle des rapports de l'Église et de l'Évangile.

« On ne sera l'homme de tous, pour reprendre une expression souvent employée, que dans la mesure où l'on commence par aller vers ceux que le monde délaisse. C'est le paradoxe évangélique... Nous sommes façonnés par la rencontre de ceux qui sont au bord de la route. C'est cela la santé de l'Église, c'est son oxygène. Par conséquent, évitons, sans hésiter, tout retour frileux. L'identité des chrétiens, celle de l'Église, si souvent recherchée, se trouvera près des exclus et avec eux. Un peu comme François d'Assise le dit dans son testament spirituel : "Le Seigneur m'a fait comprendre que je devrais d'abord aller vers les lépreux." Ceci pour être frère universel, évidemment.

« Il faut le dire avec force : l'Église porte l'Évangile sur le chemin de l'histoire et l'Évangile n'a pas de limite. Nous avons des limites. L'Évangile n'a pas de terre étrangère et n'est pas fait pour les gens bien portants.

« Il est pour ceux des bas-fonds, ceux de l'abîme, car ils ont une proximité particulière avec Dieu. Donc l'Évangile a une dimension tout à fait universelle et l'Église est elle-même un chemin dans cette direction. On ne doit pas rêver l'Église, elle n'est pas au-dessus de la mêlée. L'Église doit se salir les mains en prenant des risques, sinon elle sera, comme fort souvent, un obstacle pour l'Évangile. C'est aussi de cette manière qu'on évangélisera le religieux. »

N'exagérons pas le rôle des ligues de vertu, même si Jacques Gaillot est souvent la cible principale de leurs *lobbies* ou de leurs croisades : Familles de France, Famille chrétienne, Renaissance catholique, facultés "libres". Elles ne manquent certes pas de moyens financiers et ne se privent pas de faire parvenir de lourds dossiers à Monseigneur Gantin, préfet pour la congrégation des évêques.

1993 : voilà dix ans que Jacques Gaillot tient. Abrité par deux remparts : l'opinion publique qui le soutient... et la jurisprudence du droit canon qui fait de l'évêque un quasi-inamovible. En France, on n'en a pas renvoyé depuis la Libération : De Gaulle avait exigé le limogeage de quelques zélés collaborateurs.

1993, c'est aussi la deuxième cohabitation, le gouvernement Balladur. Qui s'y préoccuperait d'un évêque, fût-il d'Évreux ? Personne. Pas tout à fait : l'homme fort du gouvernement, ministre de l'Intérieur, Charles Pasqua, a promis une politique anti-immigrés musclée. Une priorité ! Objectif affiché : immigration zéro. Lois en chantier, pluie de décrets et de directives. Avec son cortège d'expulsions, de familles séparées, de réfugiés refoulés, de mariages entravés.

Jacques Gaillot donne immédiatement de la voix. D'autant que Pasqua joue sur du velours : dans une économie en pleine récession, les boucs émissaires sont plus nécessaires que jamais. Les deux hommes ne s'estiment guère. En février 1994, le prélat, dans l'escalade, franchit une redoutable étape. On sait qu'il aime écrire et qu'il n'a jamais été avare d'ouvrages.

Coup de gueule contre l'exclusion[1] est peut-être son meilleur livre.

La charge contre Charles Pasqua est acérée, impitoyable, implacable. À partager avec tous ses devanciers qui ont déroulé le tapis de l'exclusion. Non, il ne s'agit pas de Le Pen, trop facile à cataloguer. « On ne citera que les leaders : les "odeurs" de Chirac, l'"invasion" de Giscard, le "seuil de tolérance" de Mitterrand ou le "Nous ne pourrons pas accueillir toute la misère du monde" de Rocard. D'autres conclusions plus gênantes encore s'imposent dès maintenant. La xénophobie latente, mais jusque-là contenue, d'une frange de la population, s'exprime ouvertement. Encouragé par l'exemple du perchoir, l'homme de la rue n'hésite plus, se croit autorisé à dire tout haut ce qu'il s'obligeait à penser jusque-là tout bas. Ça commence par des mots. Puis le dérapage verbal aboutit à des attitudes de mépris, voire d'hostilité. »

Il ne ménage guère les uns et les autres, l'évêque d'Evreux. Et surtout pas la cible : « Juché sur son nuage, le ministre de l'intérieur a carte blanche, jouit d'une liberté d'action peu commune, tant vis-à-vis de la classe politique que de la population. Il tire les bénéfices d'une démission collective ou, pire encore, d'une complicité apeurée. Mais là où les autres se contentent de discourir, il agit. Pasqua se glisse dans les fissures de la xénophobie et du racisme et s'engage à colmater les brèches, toutes les brèches. C'est le roi de la rafle médiatisée, du quadrillage musclé, de la

1. Éd. Ramsay, 1994.

course au terroriste, vrai ou supposé. Qu'importe alors si personne n'ignore dans les milieux dits autorisés, y compris parmi la majorité, que cette chasse à l'immigré est un écran de fumée destiné à cacher l'impuissance des gouvernants à résoudre le problème de l'emploi. »

Le brulot porte un sous-titre : « L'année de tous les dangers ». Cinq mots dont l'évêque d'Évreux n'imaginait pas qu'ils s'appliqueraient aussi à lui-même.

Dans notre République laïque, le ministre de l'Intérieur est aussi ministre des Cultes, ce qui ne manque pas de piment. Attribution habituellement bien secondaire. « "Que l'Église soit inquiète, s'énerve-t-il, cela la regarde. Mais qu'elle se livre à des condamnations, elle n'a aucun droit de le faire..." Le ministre affirmait au passage que les évêques sont des "citoyens comme les autres"... Ce que je revendique bien volontiers, et qui fit écrire à Claude Julien dans *Le Monde diplomatique* : "Comme les autres ? Si les mots ont un sens, alors tout citoyen se voit refuser le droit élémentaire de juger et de critiquer."

« C'est tout le problème de M. Pasqua : il déteste être contrarié et on ne compte plus ses interventions en forme de boutade ou de menace, ou des deux à la fois, chargées de débouter l'irrévérencieux opposant. Le ministre adore manier la grosse caisse, les phrases-percussions qui assomment l'adversaire. Ce jour-là, le 25 mai 1993, le ministre de l'Intérieur et des Cultes avait donc mené la fanfare avec son allant habituel, rappelé finement que nous n'étions pas en Arabie saoudite et renvoyé les évêques de France aux oignons de leur sacristie.

« C'est un argument que je connais par cœur. On me l'a servi tant de fois ! "Ne vous mêlez pas de ce qui ne vous regarde pas. Occupez-vous plutôt de vos églises qui se vident."

« Les chrétiens sont pleinement dans leur rôle lorsqu'ils se préoccupent du sort de l'étranger. Car murmure au plus profond d'eux-mêmes cette parole qui traverse la Bible : "Qu'as-tu fait de ton frère ?" »

D'autres évêques expriment leur inquiétude face aux lois Pasqua. Jacques Gaillot, lui, manie pour la seconde fois la grenade. Se référant à la liberté de Jésus face aux barrières culturelles ou sociales, il parle à la première personne. Conviction ou orgueil : il ose dire « je ». L'homme timide et affable stigmatise et dénonce avec fougue. L'animosité témoigne de l'exacerbation. D'un évêque est venu la plus meurtrière diatribe contre un ministre. Ou plutôt contre la politique d'immigration menée. Et souvent parée du costume de l'humanisme. Ainsi, pour le code de la nationalité : « Il ne faut pas la dissocier de toutes les mesures répressives et restrictives sur les immigrés. Fardée aux couleurs de l'hospitalité quasi diplômée, elle vise au même but d'exclusion. Mais elle offre cette particularité de ne s'attaquer qu'aux jeunes et, par extension, à leurs parents qui désirent réellement, et depuis des années, s'intégrer dans le pays où ils vivent. »

Côté Pasqua, on ne supporte pas. Lui faire un procès ? Risqué ! Ce serait redonner la parole aux adversaires des lois nouvelles. La colère passée, l'ancien responsable du SAC choisit plus subtile tactique. Ce que certains appellent diplomatie : (ré-) activer certaines relations. Ce que d'autres désignent comme coups tordus ou trafics d'influence : Gaillot a passé les bornes, il paiera le prix. Autrement lourd et douloureux que les blâmes reçus pour les incartades antérieures.

D'autant qu'il persiste et signe lors de l'expulsion des détenus de Folembray, des musulmans suspectés d'apporter leur soutien aux islamistes algériens. Il apporte publiquement son soutien à un imam dont il sait l'hostilité à la violence des groupes armés. Expulsé aussi, le protégé du pamphlétaire. Mais la justice, quelques mois plus tard, donnera tort à ses détracteurs... et au ministre de l'Intérieur.

La grande bâtisse de l'évêché n'est qu'à demi occupée. Jacques Gaillot a pris l'habitude d'y accueillir. Un Sénégalais. Une famille sans domicile. Provisoirement. En attendant. Et puis, petit à petit, d'autres... Des sans-papiers, des clandestins. On a même remis en état des chambres qui ne servaient jamais. Sœur Marie-Thérèse, chargée de la logistique, n'a aucun mal à assurer un taux de remplissage que lui envieraient les professionnels du secteur de l'hôtellerie.

En 1991, quand les réfugiés kurdes sont « invités » à quitter l'Hexagone, Jacques Gaillot est de tous les comités de soutien. De pétitions en manifs, dans l'attente des multiples recours déposés par les associations des droits de l'homme, il les héberge. En son palais épiscopal ! Une pratique exceptionnelle en pareil lieu, mais plus courante chez les militants anonymes. Et beaucoup moins grave qu'un crime de lèse-Pasqua.

Le Conseil permanent de l'épiscopat français désavoue l'évêque d'Évreux, après la publication du fameux livre. Un évêque ne parle pas ainsi ! Un texte confidentiel est adressé à tous ses confrères français. D'autant que sa participation à « Frou-frou », après « Rien à cirer », excède. Émissions pas très révérencieuses, mais où il parle pêle-mêle des étrangers, de la discrimination, de Noël, de Pâques…

Plus grave, il dialogue sur Arte avec le théologien catholique Eugen Drewermann. Là, on ne lui reprochera pas le média choisi. Arte, c'est du sérieux. Mais le psychanalyste allemand vient de publier *Les Fonctionnaires de Dieu*[2]. Le moins qu'on puisse dire est qu'il n'est pas en odeur de sainteté au Vatican. Il s'attaque aux tabous les plus ancrés dans l'Église catholique : la condition cléricale et l'aliénation de l'esprit évangélique. Déjà frappé de sanctions canoniques, il dénonce, au crible de la psychanalyse, l'appareil, la machine dogmatique et ses serviteurs manipulés. Des interrogations que Jacques Gaillot partage, dont il souhaite qu'on discute. Même s'il est loin de suivre Drewermann dans les méthodes d'analyse et la radicalité des réponses : « Je n'ai pas tout lu du théologien allemand. Ses formules sont rudes et décapantes. Mais comment ne pas s'interroger sur la formation, les vœux ou le recrutement des prêtres ? Il insiste par ailleurs sur la symbolique de la Bible. Ce qui signifie

---

2. Albin Michel, 1994.

que l'essentiel n'est pas le récit, mais le sens... Les questions posées sont essentielles. Et quel langage pour aujourd'hui ? On peut en parler, on veut en parler... »

Pas de mise à l'index, mais une sérieuse mise en garde. Le prélat rebelle a-t-il mesuré en 1994 que, même protégé par l'opinion, il se battait sur deux fronts : le gouvernement, en la personne du ministre d'État, ministre de l'Intérieur ; ses frères évêques dont beaucoup ne supportent plus ses « méthodes » ? Ne l'oublions pas : la grande majorité des confrères a été nommée par Jean-Paul II et plusieurs ont déclaré Jacques Gaillot *persona non grata* sur leurs terres. « Gaillot, cette fois, y en a marre. » La réflexion est la même place Beauvau et au Vatican. Le prélat s'est pratiquement mis deux États sur les bras. La séparation centenaire de l'Église et de l'État en France empêche-t-elle des intérêts ou des manœuvres convergentes ?

Le trop bref dialogue Gaillot-Drewermann a lieu le 12 avril 1994. Le 14, le président de la conférence épiscopale adresse au médiatique évêque une nouvelle mise en garde. Autrement directe, exaspérée, accusatrice que les précédentes. Monseigneur Duval en donne aussitôt copie à chacun des cent dix évêques de France. Elle mérite une reproduction *in extenso*.

« Tout en reconnaissant le caractère évangélique de certaines de tes actions et de tes paroles publiques, sans vouloir juger ton action dans le diocèse d'Évreux, je suis obligé de te dire que ton attitude dans les médias devient de plus en plus intolérable. On t'a déjà

dit que ta présence à l'émission "Frou-frou" a été cause de scandale pour beaucoup.

« Ta participation à l'émission sur la chaîne Arte, le soir du 12 avril, pendant l'assemblée plénière, a de nouveau fait apparaître toute la distance que tu mets entre toi, le pape et les évêques.

« As-tu au cours de cette émission rappelé une fois les exigences de l'Évangile, qui n'est pas qu'un appel aux bons sentiments ? As-tu une fois rappelé ta solidarité avec ton Église, avec les autres évêques ? Pas une seule fois.

« Tu veux dialoguer avec Drewermann. Le dialogue suppose qu'on se situe en vérité. Tu connais peut-être les positions de Drewermann par rapport à l'Église, aux sacrements... As-tu essayé de dire à Drewermann qu'il pourrait lui aussi s'interroger sur ses positions ? Pas une seule fois. Te rends-tu compte qu'en agissant ainsi, tu trompes les téléspectateurs ? Tu mets en évidence ta solidarité avec Drewermann.

« Mais comment mets-tu en évidence ta solidarité avec tes frères évêques et le pape ?

« Te rends-tu compte que ta position devient insupportable ? Ta distance affichée par rapport à tes frères dans l'épiscopat est pour nous une source de souffrance et pour beaucoup de catholiques un objet de scandale. Il y a des gens qui t'approuvent, c'est vrai. Mais que cherches-tu ? Ton succès personnel ou l'unité à construire ?

« Tu es à l'écoute des autres, c'est vrai. Mais être évêque, c'est aussi être témoin du Christ qui appelle à la conversion et donne les moyens de la réaliser.

« Si je t'écris, c'est pour donner à mon appel une forme plus solennelle. Je te redis : Jacques, tu ne peux plus avancer dans la voie que tu as prise. Cesse d'afficher tant de distance entre toi et les autres évêques. Tu as un autre service à rendre, à nous rendre.

« Je t'assure de ma communion dans la prière. »

Le sermon cette fois ne fait pas dans la nuance. Jacques Gaillot est tancé comme un galopin pris en flagrant délit de récidive... par un homme avec qui il s'est déjà accroché. Et qui n'est pas son père, mais seulement son pair.

Depuis douze ans qu'il est évêque, Jacques Gaillot a parfois songé à démissionner. Parce que la pression de la hiérarchie est lourde. Parce que l'administration mange trop de temps. Ou parce qu'il ne faut pas s'installer. On y perd de l'élan, de la spontanéité. Le risque de la bureaucratie, l'esprit qui se rétrécit, l'imagination qui paresse, les horizons qui s'embrument, le souffle qui se fait plus court : le prêtre devenu évêque sait qu'il ne doit pas attendre là sa retraite. Voyages ? Appels ? Plusieurs fois il a songé à boucler son sac.

« La démission, j'y pense, confiait-il un peu plus tôt, car un évêque ne doit pas exercer trop longtemps ses responsabilités, par respect pour les gens et pour éviter les phénomènes d'usure. Il y a un temps où l'on peut apporter un souffle missionnaire et un temps où l'on peut empêcher des choses de naître. Dans les réunions où il m'arrive de participer pour la première fois, je ne tarde pas à partir quand c'est terminé. J'ai le sentiment que les gens ont besoin de parler une fois que je suis parti. Partir, c'est entrer dans une pâques pour permettre une vie nouvelle. Les serviteurs partent, la mission continue. Les chrétiens portent en eux-mêmes de quoi aller de l'avant, de quoi continuer tout seuls. J'espère avoir la sagesse, avec l'aide de ceux qui me connaissent bien, de partir au bon moment. »

Ce printemps 1994, il en écarte promptement l'hypothèse. Il ne se sent pas en faute. Pas ce cadeau en pleine bataille ! Bataille ? Non. Jacques Gaillot pense que la polémique a atteint son faîte. Et qu'elle retombera. Comme d'habitude. Il répond donc, une dizaine de jours après. Sur un autre ton. Serein. Il rappelle qu'il n'est pas maître des montages qui réduisent de beaucoup les heures d'enregistrement. Mais ne regrette rien.

« Dans mon dialogue avec Drewermann, j'ai essayé d'accueillir cet homme meurtri et de mettre en valeur le positif de son œuvre, ce qui est de l'ordre de la charité intellectuelle et humaine. En treize minutes, il n'était pas possible de faire aussi les réserves théologiques que l'on peut juger nécessaires.

« Plusieurs d'entre vous se demandent, plus fondamentalement, ce que je fais dans de telles émissions. J'essaie d'être présent là où aucun de nous ne l'est et de m'adresser à des gens que nous n'atteignons jamais en acceptant d'être accueilli par eux. Et j'en ai des échos bouleversants. »

Les échos ? Un gigantesque courrier, comme il n'en a jamais reçu : quarante mille lettres, sans compter les appels téléphoniques. Des individus, des couples, des familles. D'autres collectives : groupes de prêtres, congrégations religieuses, équipes d'action catholique, associations, beaucoup n'ayant rien à voir avec l'Église. Plus de mille prêtres français. Des pasteurs, des religieux. De partout : de la Belgique au Tchad, des États-Unis au Vietnam.

Courrier inclassable venu aussi de tous milieux, de tous âges, bien sûr en grande majorité extérieur au diocèse géographique. Ce réseau, le diocèse sans frontières, ce fil, qui en maintient tant dans l'Église. Et qui lie de plus en plus d'incroyants ou d'agnostiques à une parole qu'ils estiment courageuse et fraternelle. Des déçus de la gauche politique aux adhérents d'associations humanitaires ou d'organisations des droits de l'homme.

Quelques dizaines de lettres hostiles. Et quelques anonymes, dont le secrétariat a l'habitude. À cette marée, il faudrait ajouter le courrier envoyé à Joseph Duval, à la nonciature, à Rome… Le magazine *Golias*[3] publie des lettres au président de la conférence épiscopale. Leurs auteurs en ont souvent envoyé copie à Évreux.

Retenons-en quelques formules, quelques traits parfois rudes. « La voix unique est étouffement de la parole », « L'atmosphère oppressante du *Nom de la rose* », « Les vieux démons du pouvoir et du moralisme. » « Mille fois plus scandalisée par l'attitude de l'Église en Haïti qui soutient une dictature sanglante ou par les prises de position du pape sur le sida, la sexualité ! », « Vous ne savez plus parler aux gens, aux jeunes, aux faibles, aux abandonnés », « Un vrai dia-

3. *Golias,* octobre 1994.

logue d'hommes... et non une commisération hiérarchique », « Jésus lui-même n'était-il pas très anticonformiste ? »

« Nous sommes une communauté de pères maristes vivant à Vaulx-en-Velin. Ce qui est souhaitable, c'est que le corps épiscopal devienne un chœur aux multiples voix, prenant le risque d'affronter la modernité et ses enjeux. Ce que beaucoup attendent, c'est que chacun de ces hommes publics que sont les évêques prennent le risque d'une parole personnelle et cessent, dans une position faussement unanimiste, de ressembler aux préfets de notre fonction publique qui transmettent et appliquent les ordres venus d'en haut. Heureusement que l'Évangile est d'une autre veine : puissent la jeunesse de ses propos, la recherche du vrai et l'esprit d'initiative dans l'Esprit se manifester davantage ! S'agit-il d'une distance entre le père Gaillot et ses frères évêques ? Nous ne voyons pas en quoi celle-ci est satanique. La distance est fondatrice de sens, de relecture de l'Évangile, de regard neuf. La distance permet d'exister, d'avoir une personnalité, d'avoir un visage, ce qu'attendent nombre de nos contemporains de la part des Églises, trop souvent perçues au niveau médiatique, comme impersonnelles et rabat-joie. Les faits et gestes du père Gaillot introduisent un écart, une distance : comment ne pas s'en réjouir ? S'agit-il de l'appel à la conversion qui serait occulté ? Mais ce qui est premier n'est-il pas d'annoncer la bonne nouvelle : la proximité du Christ aux petits et à ceux qui sont loin ? L'engagement dans les médias correspond en quelque sorte à une présence aux frontières, et celle-ci fait partie de la mission du peuple de Dieu. »

« J'ai soixante-dix ans. Je suis prêtre depuis quarante et un ans et me suis tu depuis tout ce temps, en fils discipliné de la sainte Église... Aujourd'hui, je vous exprime clairement mon indignation devant votre attitude vis-à-vis de Monseigneur J. Gaillot.

« Votre intervention est "intolérable". Non seulement vous lui avez écrit votre désapprobation mais vous en avez averti tous vos collègues et, forcément, la presse. Vous reprochez à l'un des vôtres de se servir des médias et de dire ce qu'il pense. N'est-ce pas ce que vous faites vous-même ? Il y a longtemps que je ne crois plus à la liberté de pensée dans l'Église institutionnelle, mais il faudrait que vous et vos pairs, vous vous expliquiez à ce sujet.

« L'évêque J. Gaillot n'a pas le droit de descendre dans la fosse aux lions. Il n'a pas le droit de parler un "langage nouveau". Il n'est pas protégé, lui, contre les serpents ni les poisons. Il ne peut pas manger avec les pécheurs et les prostituées. Il ne peut imposer les mains aux malades de Tyr ni parler avec les Samaritaines... Pourquoi n'interdisez-vous pas ces mêmes comportements à l'abbé Pierre ? Vous craignez le peuple ? »

Ces deux extraits viennent de clercs. D'hommes affectés ou désolés depuis longtemps par l'attitude de l'Église. Qui passent cette fois du doute à l'indignation ou à l'écœurement. Et surtout qui se décident à le dire.

« Vous donnez raison à Drewermann », dit une autre lettre. Le théologien est souvent cité :

« La vérité sur ordre, celle qui se prétend crédible parce que faite de la soumission de la volonté, ce froid

volontarisme dédaigneux de tout ce qui est personnel, voilà une attitude qu'on ne peut ni interpréter ni comprendre sans penser au prix qu'il a fallu la payer, celui qu'elle exigeait et qui la justifiait : les guerres de religion et l'Inquisition, les persécutions des juifs et les bûchers des sorcières, le début des conquêtes coloniales et la destruction des cultures "païennes" par le glaive, suivant la parole du Seigneur Jésus-Christ. Il s'agissait d'une obéissance où l'individu se violente psychologiquement lui-même et violente les autres, et se donne par là même le droit de soumettre par la force tous ceux qui pensent autrement. Pour dire les choses carrément : l'obéissance n'a de sens que là où quelqu'un commande; mais ne peut commander que celui qui dispose de la force à cet effet. Le contenu toujours caché sous l'idéalisation de l'obéissance, c'est l'idéologie de puissance de l'Église elle-même. Jamais humains n'ont régné de façon plus totale et plus absolue que quand ils ont déclaré commander à la place de Dieu et avoir donc droit à l'obéissance absolue... »

Une fois de plus, l'opinion publique paraît protéger l'évêque cathodique. Y aura-t-il sanction ? Nomination d'un vicaire apostolique, sorte de contrôleur des actes de l'évêque ? Nouvelles réprimandes ? Épiscopologues et vaticanologues hésitent à formuler un pronostic. L'été 1994 est celui du doute. Jacques Gaillot, éternel optimiste, se soucie moins que son entourage de son avenir personnel. Il semble aussi décontracté qu'à l'accoutumée. À l'image de son sourire de Joconde espiègle et de son éternel polo bleu marine.

CHAPITRE 13

TOUCHE PAS À MON GAILLOT !

Le 5 janvier 1995, Jacques Gaillot revient d'Haïti. Un trop court voyage de quatre jours. Dans un pays qu'il aime, gouverné par un homme – le président Aristide – qu'il estime et qu'il connaît depuis longtemps. But de ce voyage éclair où il passera presque autant de temps dans les aéroports et les avions que sur place : sensibiliser le public français, *via* la chaîne France 2, à l'état de délabrement de la société haïtienne. Message : Haïti, libéré depuis trois mois de la dictature militaire, a besoin d'aide.

Même s'il partage peu de choses avec eux, presque tous nommés avec la bénédiction des Duvalier, il prévient les évêques locaux. Séjourne au milieu des enfants des bidonvilles et des projets dont fourmille la ville de Gonaïves. Est reçu au Palais national par le prêtre-président, un homme que le Vatican a combattu avec acharnement. Prêtre de la libération, devenu chef de l'État, renversé par l'armée, il a souvent rappelé depuis son exil : « Pourquoi le Vatican s'ingénie-t-il à empêcher le retour à la démocratie en Haïti ? » De fait, ce sera en trois ans le seul État de la planète à reconnaître la mafia au pouvoir à Port-au-Prince.

Jacques Gaillot rentre à Évreux, fourbu mais heureux. Devoir de solidarité accompli auprès des damnés de la planète. Bonheur des retrouvailles avec des amis sur le terrain, quatre ans après, qu'il s'agisse d'animateurs de quartier ou du président Aristide.

Prochain rendez-vous d'importance sur l'agenda du prélat ébroïcien : Rome. Jacques Gaillot a reçu, les tous derniers jours de décembre, une lettre du nonce à Paris : « Comme vous l'avez demandé le 21 mai dernier, comme vous l'avez souhaité... le cardinal Gantin vous recevra le 10 janvier à 9 heures. » Au Vatican.

Chez Jacques Gaillot, plutôt la surprise que l'inquiétude. Un point paraît sûr : on quitte le terrain, le vrai, pour celui de la diplomatie, de la leçon ou du sermon. Huit mois après l'« affaire Duval », la tension est retombée. L'idée de représailles ou de sanctions l'effleure à peine. C'est vrai qu'en mai l'évêque d'Évreux avait interrogé le nonce : « Serait-il souhaitable d'aller à Rome, d'expliquer pour apaiser ? » Monseigneur Antonetti l'avait découragé : pas indispensable, pas nécessaire. Et le voilà convoqué, huit mois après !

Il téléphone au nonce qui, devant ce rappel, paraît gêné. Manifestement, Monseigneur Antonetti connaît l'objet de la convocation, mais ne laisse rien trahir. L'emploi du temps de l'évêque d'Évreux est chargé : puisque la demande d'entrevue a traîné si longtemps, Jacques Gaillot propose un rendez-vous pour février ou mars. Rien ne presse. Justement si. Le préfet de la congrégation des évêques souhaite rencontrer de toute urgence l'évêque d'Évreux. Urgentissime. Est-ce que pareille invitation se discute ? Ce sera finalement le 12 janvier à 9 heures 30. En matière de précision, c'est tout ce qu'obtient Jacques Gaillot qui n'apprécie guère les aspects impromptus et énigmatiques du rendez-vous. Il croit en fait à de nouvelles demandes d'explication. Et se prépare à répéter ce qu'il a dit ou écrit ailleurs. À défendre son actif : le dialogue, l'esprit de tolérance, les exclus, les médias devenus, qu'on le veuille ou non, la nouvelle agora qui rassemble les foules...

Première surprise ce jeudi de la Saint-Henri : le cardinal Gantin est accompagné. Bizarre ! D'habitude, ce type d'entretien se déroule seul à seul. Monseigneur Tauran est là. L'évêque d'Évreux n'a jamais rencontré le « ministre des Affaires étrangères du Vatican ». Un évêque argentin prend des notes. Beaucoup plus de solennité qu'à l'accoutumée. Atmosphère pesante : « À part les salutations d'usage, je n'ai encore rien dit. Mais je sens d'instinct qu'il va se passer quelque chose de grave. C'est un tribunal. Le préfet et le secrétaire d'État se relaient. Procureurs. Accusateurs. Le premier fait l'historique des mises en garde. Le second insiste sur la quantité de plaintes qui s'accumulent ici, l'exaspération de mes collègues de moins en moins solidaires... » On reparle du protocole d'accord signé en 1989 avec feu Monseigneur Decourtray. Et pêle-mêle des émissions de télévision, des livres et notamment du dernier. Et même des ouvrages qui le concernent, mais rédigés par d'autres.

« Et puisque je reviens d'Haïti, y ai-je rencontré les évêques, me demande-t-on ? Comment l'aurais-je fait, je suis resté si peu de temps ? Je leur ai proposé en les prévenant. La question mettait une fois de plus en évidence la prééminence de l'appareil sur la mission au milieu des hommes. On ne me pose d'ailleurs aucune question sur Haïti et sur ce que j'y faisais. J'aurais pu aussi dire au cardinal qu'il avait omis de me prévenir un jour d'une visite au monastère du Bec-Hellouin, situé dans mon diocèse. Je n'avais pas envie de me battre sur ce terrain-là, qui n'est pas le mien. Mais la question piège était typique. »

Monseigneur Gantin conclut son réquisitoire : « En conséquence de quoi, nous avons décidé que demain, à partir de midi, vous seriez déchargé de vos responsabilités d'évêque d'Évreux et que le siège serait déclaré vacant. »

« Il ne s'est pas révélé apte à l'exercice d'unité qui est le premier devoir d'un évêque », dit le communiqué du Saint-Siège.

Jacques Gaillot sait qu'il n'est plus évêque d'Évreux, mais comprend mal les subtilités du choix qui lui est offert. « "Vous signez ce texte, me dit-on, et vous êtes nommé évêque émérite. Sinon, vous devenez un évêque transféré." La différence m'échappait. Mieux valait ne rien signer. Je me disais : "N'aggrave pas ton cas." Le cardinal me donne même son numéro personnel, au cas où… je voudrais signer. Pas pour offrir ma démission, mais finalement pour approuver ma destitution. J'ai compris aussi qu'il n'existait aucune structure d'appel. Que j'étais viré. » Pas d'avocat, rien qui soit dit à la décharge du prévenu. Il refuse de souscrire à une procédure qu'il n'admet pas.

« La tension montait. J'ai objecté le désarroi de mes paroissiens, le trouble de tous ceux, dans l'Église ou à l'extérieur, quand ils apprendraient la sanction... Monseigneur Gantin a réagi vivement : "Il ne s'agit pas de la France, mais de l'Église." Je sentais que je n'avais pas grand-chose à répondre. Je me suis retiré sur un "Je crois que nous n'avons plus rien à nous dire". »

Le prélat est évincé en fonction de l'article 401, premier alinéa, du droit canon : « L'évêque diocésain qui, pour une raison de santé ou toute autre raison grave, ne pourrait plus remplir convenablement son office, est instamment prié de présenter sa renonciation à cet office. » Il a refusé de démissionner. Le voilà donc révoqué. Fait rarissime dans le monde contemporain. Pas de précédent comparable en France. Ou presque. Paul VI en avait menacé Monseigneur Guy Riobé « s'il persistait dans son attitude ». Rappelons qu'il mourut accidentellement, peu après.

Plus question cette fois de compromis. La messe est dite. Et ce sermon-là préparé depuis des semaines. Jacques Gaillot prie à Saint-Pierre, rencontre des amis et reprend le train. Direction Évreux, *via* Paris. Dans le Palatino, il rédige deux textes : le premier à destination de ses diocésains, le second pour l'AFP.

Bien sûr, pendant l'entretien, personne n'a fait référence à la visite de Charles Pasqua au souverain pontife. C'eût été incongru, déplacé. Personne n'a eu connaissance du contenu de l'audience, tellement rare, accordée à un ministre de l'Intérieur français par le successeur de saint Pierre. Ni de la rencontre, un peu plus tôt, du ministre de l'Intérieur français et de Monseigneur Tauran, à Paris.

La sanction prise contre Jacques Gaillot paraissait prête et... de longue date, raconte l'intéressé. Six semaines, est-ce longue date ? Charles Pasqua, dont le sens du calcul politique et policier est incontestable, a-t-il plaidé contre ce gêneur, demandé sa tête ? L'exaspération du Vatican et la rancune du ministre ont-elles convergé ? Le premier flic de France a-t-il exhibé quelques présomptions ou preuves supplémentaires, accablant le mouton noir et captant l'attention du berger sourcilleux ? Spécialiste en chef de l'opinion, a-t-il minimisé les réactions, les conséquences du limogeage du prélat ? Le saura-t-on, à l'instar de Galilée, quand s'ouvriront trois siècles plus tard les archives du Vatican ? Le ministre de l'Intérieur a-t-il proposé, à une échelle plus réduite, ce même soutien discret que l'administration des États-Unis fournit à l'Opus dei contre la théologie de la libération ? Jacques Gaillot s'est souvent associé aux prêtres de l'Amérique méridionale ou caraïbe. Qu'ils soient politiques ou théologiques, les conservatismes peuvent bien se rendre quelques menus services.

Bouche cousue des deux côtés, Charles Pasqua, après le 13 janvier 1995, se gardera de tout commentaire : il n'est pas le moins du monde concerné. Le meilleur *lobbying* se doit d'avoir le succès modeste.

Quand Jacques Gaillot arrive à Évreux, la nouvelle court : l'évêque est démissionné. Des amis accourent, les journalistes sont là : « Je n'éprouve ni rancœur, ni rancune. Ma souffrance, c'est de penser que l'Église dessert son image, qu'elle apparaît comme un appareil rigide, froid, totalitaire, qui ne se rend pas compte de ce qui se passe sur le terrain, qui fait tomber un couperet. »

Les réactions sont aussi brutales, immédiates que l'épée qui vient de tomber. Tristesse. Écœurement. Déni de justice. Toutes convergent. *La Vie catholique*[1] publie l'inévitable et indispensable sondage, que « 7 sur 7 » amplifiera quelques jours après : 11 % des Français acquiescent à la décision romaine, 64 % désapprouvent (47 % chez les pratiquants réguliers, 74 % parmi les « irréguliers » et 69 % au royaume des non-croyants). Un petit quart ne se prononce pas. Résultat quasi identique en réaction à la question : « Pensez-vous que pour l'Église catholique cette décision va avoir une influence négative ou positive ? » Négative. Conséquents, les sondés approuvent largement les prises de position de l'évêque d'Évreux : occupation de logements vides ; usage du préservatif et de la pilule ; défense des marginaux, des homosexuels, des prisonniers, dialogue avec des théologiens contestataires…

S'étonnera-t-on de la déception, de la sévérité plus grande chez ceux qui sont hors de l'Église ou à ses marges ?

Soixante mille lettres et télécopies affluent les deux premières semaines. Jusqu'à des groupes d'entreprises, des municipalités… Beaucoup de religieux, ce qui étonne moins. La vague du printemps 1994 double de hauteur. Le téléphone, lui, est saturé. Et le flux

1. *La Vie catholique,* 19 janvier 1995.

continue aussi longtemps que le titulaire n'a pas quitté son logement de fonction. Solidarité, règlement de compte, qu'on sent parfois contenu depuis des lustres, avec l'autorité hiérarchique. Cris du cœur, patientes analyses, poèmes : l'écriture est sans frontières.

« Tu permettras, dis-moi, qu'avec mon affection
Je vienne simplement pour te dire, mon frère,
Que j'ai dû vivre aussi cette triste exclusion
Incomprise de ceux qui pensaient tous bien faire.
Je t'appelle mon Frère et tu le comprendras
Si tu veux t'efforcer de lire un des poèmes
Ils furent inspirés par de profonds débats
Par ceux qui critiquaient au lieu de dire "Je t'aime"
Honte à cette église de l'exclusion
Honte à cette Église des sacro-saintes
Et archaïques institutions. »

« Vous voilà en effet envoyé comme évêque de Partenia in partibus infidelium, *évêque aux confins de l'incroyance. Dans leur myopie, les autorités romaines croient que Partenia n'existe plus. Quelle providentielle erreur ! Tous ceux qui, non seulement sont déçus par le repli des autorités chrétiennes sur une vision nostalgique de la chrétienté, mais qui veulent travailler à faire exister dans notre Église des communautés ouvertes sur la vie des hommes d'aujourd'hui, tous ceux-là se reconnaissent désormais comme participant aussi au diocèse de Partenia. »*

« Monseigneur, nous constations que, pour vous, cette Église, sans abandonner son troupeau de fidèles,

savait quand même aller dans les épines et les marigaux, recueillir les brebis blessées ou égarées, qu'elle savait leur dire les mots de pardon et de renouveau nécessaires à leur retour, et qu'il y avait pour eux aussi un salut venu de l'Église.»

«Merci pour tous ceux que vous avez aidés jusqu'ici. Tenez pour qu'ils tiennent. Viendra le temps où, de nouveau, vous pourrez les rejoindre là où ils en seront, là où vous serez.»

«J'avais signé en juin une pétition, malgré l'absurdité de la démarche qui consiste à demander qu'un évêque puisse s'exprimer librement dans l'Église! J'avais d'ailleurs envoyé à l'époque une lettre à Monseigneur Duval pour lui demander si les bonnes habitudes de délation auprès du Vatican – une plaie chronique de notre Église de France – n'étaient pas à l'origine des difficultés de son confrère et pour lui suggérer que, la peur du rouge ne faisant plus recette, on agiterait sans doute désormais le drapeau de l'ordre moral. En d'autres temps, on aurait certainement considéré que l'évêché d'Évreux avait été infiltré par le PC…»

«La déflagration de cette bombe est d'une telle ampleur qu'elle va ébranler non seulement l'Église d'Évreux, mais l'Église universelle et surtout tous les hommes et les femmes qui luttent – ou qui souffrent – aux quatre coins de la planète! L'occasion d'un sursaut universel de liberté qui va émerger avec passion et avec fougue…»

«L'Église que nous avons présentée comme un lieu de rencontre, d'amour et de respect parce que les

croyants reconnaissent le Christ dans les autres n'est plus que le lieu de la loi.»

« Comment, sans vous, se reconnaître dans l'Église d'aujourd'hui ? Je suis triste et faible, que faire ? Continuez, pour nous tous. Avec ma profonde admiration. »

« Nous sommes un jeune couple de catholiques pratiquants (trente-sept ans), l'un agriculteur et l'autre mère au foyer. Nous avons cinq enfants de deux à huit ans. Nous sommes engagés activement dans cette Église qui est la nôtre, dans le secteur paroissial et dans plusieurs associations à but humanitaire, dont le Comité catholique contre la faim et pour le développement et l'Action des chrétiens pour l'abolition de la torture car nous croyons que notre rôle est d'essayer d'être au côté des plus pauvres, chrétiens ou non. L'exclusion de Monseigneur Gaillot par Rome nous a, à la fois, profondément attristés et mis en colère.

« Le père Gaillot était à l'écoute des autres, de leurs difficultés et – malheureusement pour lui – très tolérant et avec l'esprit et le cœur ouverts. C'est pourquoi le deuxième sentiment est la colère car nous commençons à étouffer dans cette Église et nous sommes très inquiets quant à son avenir. »

Des mots, des formules reviennent. Sévères, univoques : « notre Église sclérosée, crispée sur des dogmes et son intolérance » ; « acte innommable », « perversité », « sadisme » de l'institution ; « Jésus, l'ami des pêcheurs, aurait été crucifié par le Vatican » ; « déplorons, souffrons... » « Église entachée » ; « totalitaire » ; « tristesse, effarement... peine... effet de choc... » ; « révocation honteuse, ignoble, insupportable » ; « ne nous abandonnez pas ! »

Ils sont croyants. Le revendiquent. L'affirment haut et fort. Et puis il y a les autres. De plus en plus nombreux. Les divergences à l'intérieur de l'Église font place au clivage sociétal, la classique opposition entre liberté et bureaucratie, mouvement et résistance.

« Vous leur [les exclus] serez plus utiles, faites ce que bon vous semble, laissez tomber les hiérarchies... »

« Les hautes sphères papales ont décidé de votre mise à l'écart et je suis tenté de penser qu'il s'agit là d'une bonne chose, non pour l'Église qui continue à se discréditer auprès des vrais croyants ou des athées sincères (dont je suis) mais pour les idées que vous défendez, idées justes et humaines... La pensée est libre, cette mise à l'écart est une liberté supplémentaire gagnée sur l'obscurantisme. »

« Révocation ? Voilà un joli terme, qui rappelle de bien jolis souvenirs du temps où l'Église était triomphante, à l'ombre des dragons du roi... Les temps ont-ils vraiment changé ? Ou, peut-être, l'Église n'a plus vraiment les moyens armés du bon vieux temps, au grand dam de certaines associations catholiques, toujours prêtes à partir en croisade contre les infidèles et à convertir à coups de sabre. Elle se rattrape en révoquant ceux qui ne sont plus dans la ligne du Bureau politique, seul habilité à détenir, définir, diffuser la vérité...

« Bureau politique ? Un autre joli mot, qui montre que, au-delà des divergences, un système féodal et

totalitaire, géré par des vieillards sclérosés, utilisera toujours les mêmes méthodes, quel que soit le nom qu'il porte (Église catholique, parti unique, démocratie populaire...). Staline, par contre, faisait des procès – certes truqués – à ses opposants... Jacques Gaillot n'aura même pas eu la possibilité d'être défendu selon les règles du droit.»

« L'Église catholique ne vous mérite pas, les hommes oui. Continuez.»

« Jacques Gaillot, comme toi je suis de celles qui se battent contre l'exclusion, le chômage et la misère. Qu'il était beau ton soleil rouge que tu as taggé dans une émission de télévision. Je te donne tout mon soutien.»

Tristesse ? Sûrement. Nostalgie, peur du vide ? Sûrement pas. Jacques Gaillot n'est nullement déstabilisé. Il paraît s'étonner ou se réjouir de l'ampleur du mouvement. La montée d'une opinion dans l'Église, la diversité des avis et des analyses lui plaisent. Le ravissent peut-être. « Le temps est fini où les responsables détenaient la vérité. Le peuple se fait entendre. Nous devons faire en sorte qu'il s'exprime davantage. » L'évêque d'Évreux rappelle volontiers la fécondité du mouvement synodal, qu'il souhaiterait voir se généraliser. Était posée, est plus que jamais en question la place du peuple de Dieu dans les choix qui concernent son Église : « Le vrai pas en avant vers le monde moderne que nous paraissons toujours repousser à plus tard. »

Ces droits de l'homme, que le pape appelle de ses vœux lors de ses déplacements, ce corpus que d'autres baptisent démocratie, pourquoi s'y oppose-t-il avec la dernière énergie à l'intérieur de l'Église? Comment proposer, pour les autres, une parole qu'on freine ou qu'on interdit dans sa propre maison? Cette question-là poursuit l'évêque d'Évreux. Laudateur de Vatican II, il propose depuis longtemps une réponse de plus en plus claire. Et, après chaque intervention, moins acceptable pour l'autorité suprême.

« Il y va de la crédibilité de notre témoignage », rappelle Jacques Gaillot, qui n'a guère de tendresse pour l'histoire de son Église : « Quelques embellies, mais beaucoup de renoncements et tant de condamnations et glaciations ! » Glaciations? Il n'est pas loin de penser qu'après le renouveau de Vatican II on soit entré dans ce type de période : « Jésus n'a pas hésité, ni évité les heurts. Faut-il d'abord préserver l'appareil ou garantir les différences? Que reste-t-il de l'Évangile de liberté si ceux qui le proclament ne sont pas libres? On va droit vers l'anonymat ou vers la peur. Comment la parole peut-elle circuler dans les communautés, quand l'Église marche *a contrario*? »

Pour l'évêque de Partenia, Rome développe un double message. Qu'il ne peut accepter : restaurer l'autorité concentrée au sommet, privilégier l'identité catholique. La sanction contre un rebelle prolonge les encycliques. Faut-il retarder ou en finir avec la modernité telle qu'elle se vit dans le monde occidental? L'orthodoxie, aux yeux de Jacques Gaillot, prend le pas sur l'imagination.

Un centralisme, aussi peu démocratique que l'autre, l'emporte sur l'ouverture. Plutôt l'autorité que la diversité, l'obéissance que le pluralisme culturel ou le libre débat! L'ancien évêque d'Évreux supporte de plus en plus mal le lent glissement de l'Église depuis Vatican II. Pour lui, le « pape des droits de l'homme », ainsi baptisé à la fin des années soixante-dix, est devenu un autocrate, voire un théocrate doublé d'un père-la-morale. Les mouvements charismatiques, l'Opus dei et quelques autres ont une influence déterminante. Jacques Gaillot n'a que faire de cette fermeture au monde teintée d'esprit de reconquête. L'exigence d'obéissance aveugle contenue dans pareille pensée, le triomphe du dogme sur le libre arbitre renforcent chaque jour sa rébellion.

« La révocation de Monseigneur Gaillot est moins disciplinaire que politique », note le quotidien conservateur local *Paris-Normandie*. « Elle traduit l'état d'esprit d'une institution. Et, comme cela, elle est à la fois une stupidité et un aveu de faiblesse[2]. » À quoi *Le Monde* ajoute : « Le concile Vatican II, enfin, n'aura-t-il servi que de parenthèse historique, avant un retour à la tradition centralisée et autoritaire de Trente et Vatican I ? La manière dont Jean-Paul II tente de se faire entendre, de resserrer les rangs et de préserver l'unité de son Église ressemble de plus en plus à un exercice pathétique, mais un rien désespéré[3]. »

Des jugements que ne démentirait pas le prélat licencié. Et qui éclairent ce qu'il dénonce : le danger d'uniformité, une lecture unique ou littérale de la Bible, qu'il dénonce ailleurs. L'interroge-t-on sur le Rwanda, le plus christianisé des États africains ? « La

---

2. *Paris-Normandie,* 16 janvier 1995.
3. *Le Monde,* 16 janvier 1995.

culture africaine n'a pas été évangélisée en profondeur. Les politiques religieuses ne suffisent pas à enraciner. » Ouvre-t-on le dossier démographique mondial? « Il faut gérer des questions nouvelles, réguler les naissances, protéger l'environnement, éduquer. Sans que les pays riches imposent leur solution. Sans multiplier les galères et les impasses. » Justement, la conférence du Caire, sur la population mondiale? « Que l'Église dise une parole, exprime un sentiment, mais qu'on en finisse avec ces pressions inadmissibles qui la desservent. L'Église n'est pas faite pour imposer. Protéger la vie, c'est aussi aider et protéger ceux qui peuvent transmettre la mort. »

Voilà donc Jacques Gaillot évêque SDF. Sans domicile ou plutôt sans diocèse fixe. *In partibus infidelium* à Partenia, un évêché fictif sur des terres d'incroyance. Une zone d'intervention qui finalement lui a toujours convenu!

L'abbé Pierre, l'homme le plus populaire auprès des Français, ne lui marchande pas son soutien. Immédiat : téléphone, rencontres, interviews et prises de position dans la presse. L'octogénaire, qui en a vu d'autres, relativise la sanction : « À la minute même où j'ai appris la mesure qui le frappait, j'ai envoyé un fax de sympathie à Monseigneur Gaillot, où je lui ai fait part de ma tristesse. Cela dit, il faut veiller à ne pas donner à cet événement douloureux une ampleur plus grande qu'il n'a[4]. »

---

4. *La Vie catholique,* 19 janvier 1995.

Il se veut immédiatement solidaire, accueillant. Avec un brin d'humour ou de paternalisme à destination du cadet, bien qu'il ne le connaisse pas depuis si longtemps. Emmaüs lui est grande ouverte.

« Emmaüs a bien commencé son histoire avec un assassin et un curé résistant ! J'ai rencontré Monseigneur Gaillot pour la première fois lors du cinquantième anniversaire de la Jeunesse ouvrière chrétienne. On mangeait tous les deux un sandwich, assis l'un à côté de l'autre, et il m'a questionné sur ce qu'il appelait une énigme : "Père, m'a-t-il dit, comment se fait-il que dès que je dis quelque chose, on me tape dessus, alors que vous on vous fiche la paix ?" Je lui ai répondu que cela tenait peut-être à deux choses. Tout d'abord, je ne suis pas évêque, et donc je ne mets pas les autres dans l'embarras. Et ensuite, je le crois sans vanité, le bon Dieu m'a donné une espèce de flair qui me fait sentir comment on peut avoir des insolences inattendues mais mesurées. »

Jamais depuis un an l'opinion n'a autant associé le père d'Emmaüs et l'évêque sans frontières. « Chacun son chemin », coupe Jacques Gaillot quand s'amorce la comparaison. « L'abbé Pierre est un fondateur, un organisateur. Des qualités dont je suis malheureusement dépourvu. Plutôt inspirer, pousser, témoigner. C'est ce que je voudrais continuer à faire. L'expression utilisée, "évêque des exclus", ne me choque pas. » Un trait de caractère déjà noté : éveilleur plus que bâtisseur. Sans se soucier si les prises de conscience profitent à l'institution ou à la société. Pourvu que l'homme en soit le bénéficiaire.

Les deux francs-tireurs partagent notamment le même désintéressement : le souci prioritaire des exclus. L'abbé Pierre défend depuis près d'un demi-siècle le quart monde hexagonal, qu'il s'agisse des sans-logis ou des sans-travail. Une immense entreprise à succursales multiples a lentement tissé sa toile. Mais son fondateur ne répugne pas aux coups de gueule, dans un langage aussi vert que direct. Jacques Gaillot, plus habitué au français soutenu, ratisse plus large dans la dénonciation : géographie et thématique sans frontières. L'un laboure profond, l'autre pratique la polyculture. Projets en fait complémentaires. Différences de mode, de lieu, de méthode, d'intervention.

La réaction des évêques de France est gênée. Mais typique. Elle se fait en plusieurs temps. Des réactions immédiates. Rares. D'autres moins spontanées. Quand les fidèles par milliers manifestent dans différentes villes de France le dimanche suivant, à l'appel des diacres d'Évreux, les prélats interpellés doivent faire face à la colère de leurs diocésains ou à l'exaspération de simples militants venus témoigner. La sanction irrite les uns et les autres : ceux qui se reconnaissent dans le citoyen, ceux qu'inspirait l'évêque. Ceux qui croyaient au ciel et ceux qui n'y croyaient pas. « Rome n'aurait pas osé s'il n'avait su s'appuyer sur un consensus mou. La compassion d'aujourd'hui, souvent sincère, n'aurait pas été de mise si un minimum de détermination s'était manifestée avant. Mais quand les chrétiens parlent… les évêques ne peuvent éviter de parler… »

Dimanche 15 janvier, de Lyon à Rouen, de Lille à Marseille, s'ébranlent des manifestations spontanées.

Ils sont sept cents devant l'évêché de Sées, dans l'Orne. « Ce qui a abattu Jacques Gaillot, lance à Lyon le directeur de la revue *Golias*, c'est l'incapacité de dialoguer avec la modernité. » Sur le même lieu, une équipe sacerdotale lance : « Alors que le Vatican s'accommode dans plusieurs régions du monde d'évêques qui sont liés à des dictateurs parmi les plus odieux, le comportement de l'évêque d'Évreux lui était devenu insupportable[5]. »

Des banderoles, des slogans : « Tais-toi, prophète, tu déranges ! » « Touche pas à mon Gaillot ! » « J'ai mal à mon Église », « L'amour ou la loi ? », « Jacques, on t'aime ». Catholique, rappellent haut et fort les calicots, veut dire libre et universel. La déferlante bouscule les habitudes de solennité en pleine messe. Invités ou pas, des fidèles prennent la parole. Bien des homélies les y encouragent. On se bouscule autour des pétitions. Plus qu'un enjeu majeur au sein de l'Église, l'affaire alimente un vrai débat de société.

Plus encore qu'au printemps 1994, la désapprobation dépasse les frontières de l'Hexagone. Drewermann interroge : « Le moment n'est-il pas venu, pour Jean-Paul II, de démissionner ? » À Liège, plus d'un millier de personnes réclament en vain une explication à Monseigneur Léonard, un intégriste. D'Allemagne et d'Autriche, où les évêques ont été nommés contre le vœu des populations, parviennent de nombreuses lettres collectives : « Rome a licencié Gaillot comme s'il était un employé du Vatican. Un évêque n'est pas un préfet qui exécute une politique venue

---

5. *Le Monde*, 17 janvier 1995.

d'en haut. » Même ton, mêmes arguments dans la presse francophone, première page dans les quotidiens québécois, demandes d'interview venus du vaste monde.

Quelques évêques ne se font pas prier pour parler. Joseph Duval, le président, affirme qu'il « n'aurait pas pris cette décision, étant donné la personnalité de Jacques Gaillot et le contexte français, mais aurait aimé qu'il fasse de temps en temps un effort pour vivre avec le pape et avec les évêques ». Jean-Marie Lustiger exprime tout haut le sentiment d'une majorité silencieuse : « Une douleur mais aussi un échec... une dérive sectaire. »

Jacques Noyer, évêque d'Amiens, s'exprime sitôt la sanction annoncée : « On veut faire taire une voix qui avait su faire résonner l'Évangile dans les milieux les plus éloignés... décision brutale, à laquelle nous n'étions en rien associés... » André Lacrampe, dont les opinions progressistes sont connues, comprend les réactions de « tristesse, douleur, désarroi, contestation ».

« À force de considérer l'Église comme une uniformité, on tue l'Église. » C'est Monseigneur Rouet, évêque de Poitiers, qui le dit. La punition vaticane, réellement inattendue pour la majorité des clercs, apparaît maladroite, inopportune, disproportionnée. Nuisible. Peu d'évêques défendent Jacques Gaillot sur le fond – il allait vraiment trop vite et trop loin – mais quelques-uns jugent la mise en scène indigne de l'Église. Contraire à l'image qu'elle peine à construire.

Les médias sont sans pitié. L'audiovisuel plus encore. La sanction y apparaît dans sa crudité, sa nudité. Le bon et le méchant clairement identifiés. Le téléspectateur moyen suivait Monseigneur Gaillot avec sympathie. La cruauté de l'Église hiérarchique à son égard se retourne contre elle. Et chaque évêque doit faire face aux fidèles-citoyens-téléspectateurs. D'autant que celui de Partenia se montre partout : de la rue du Dragon où il défend les SDF, à « 7 sur 7 », émission-phare de TF1. Monseigneur Radzinger peut bien arriver d'urgence à Paris, « un voyage prévu de longue date ». Jean-Marie Lustiger réunit promptement deux mille délégués des paroisses parisiennes. Le Trafalgar médiatique se double de sommations sur le terrain.

Reste à l'Église un allié de poids et de toujours : le temps. Celui qui efface et permet, le moment venu, de réécrire l'histoire. Avec quelques omissions, péchés bien véniels. Même si Jean Vilnet, évêque de Lille, stigmatise une « sanction d'une extrême gravité et plutôt inédite dans l'Église [...], c'est tout un peuple, bien au-delà des frontières de l'Église, qui se sent mis en cause et s'interroge sur le fonctionnement de l'Église ». L'évêque du Nord souhaiterait que l'indignation de l'opinion incline les évêques à réagir rapidement. Et réclame une réunion extraordinaire de l'épiscopat. D'urgence. Elle n'aura pas lieu. La messe est bien dite !

Chapitre 14

LA CÉRÉMONIE DES ADIEUX[1]

Reste pour Jacques Gaillot à dire la dernière, dans son ancien diocèse. La dernière messe.

Vingt mille personnes accourent à Évreux le 22 janvier, deuxième dimanche après l'exclusion. Peut-être en attendait-on davantage. Les bourrasques de pluie qui s'abattent sur la ville – signe des temps ? – ont moins découragé que la concurrence faite par tant de messes, de réunions, de veillées organisées ici et là. L'association « Évreux sans frontières » tente de coordonner les initiatives. D'éviter la mise en jachère d'un tel terreau d'initiatives.

Pour Jacques Gaillot, la journée commence par sa visite « habituelle » à la maison d'arrêt. Jean-François Berjonneau, son ancien vicaire général, l'accompagne.

---

1. Titre choisi par *L'Événement du jeudi* et bien sûr emprunté à Simone de Beauvoir.

Les détenus expriment leur tristesse et leur solidarité, à un homme « qui les écoutait et les comprenait ». En treize ans, l'évêque est souvent venu là. « Beaucoup, après leur libération, sont passés me voir. Ils savaient qu'ils avaient du prix pour moi... Ils m'ont remis des lettres avec de nombreuses signatures. D'autres avaient peint une bouche recouverte d'un bâillon en forme de croix. "En faisant taire l'évêque, on a humilié les prisonniers", m'a dit l'un d'eux. »

Le repas de midi est familial. Se pressent ensuite les amis, d'ici et de loin, des représentants d'association, miroir arc-en-ciel de tous les engagements de l'évêque : communautés de base, antiracistes, « droits de l'homme », « humanitaires », squatters... Roland Plaisance, le maire communiste d'Évreux, comme ses collègues, affichent une vraie tristesse. La même émotion que quelques jours plus tôt, quand la ville reconnaissante fit de Jacques Gaillot un citoyen d'honneur. Que d'actions menées en commun pour les quartiers difficiles, l'Afrique du Sud ou la Bosnie ! « Nous ne parlions ni de politique ni de religion. Mais de concret, des luttes ponctuelles. Et dans un climat tellement fraternel. »

Comme pour le bicentenaire de la Révolution, ils sont tous là. Ou presque. Et si ce n'est eux, c'est donc leurs frères. Comme le souligne *France-Soir,* « même Krivine était là. » À côté des Normands pur souche, les catholiques radicaux de *Golias* ou de *Témoignage chrétien,* les athées de la Ligue des droits de l'homme, de la CGT ou des loges maçonniques. Et tant d'autres habituellement moins démonstratifs.

Conclusion ou étape ? Les générations de Vatican II et de Mai 68 convergent. Beaucoup de jeunes aussi qui se reconnaissent dans une partie des idéaux des années soixante. Revanche ? Au moins, chez les chrétiens rassemblés face aux remontrances de Monseigneur Duval, une tentative de renverser la tendance, de redonner vie à un concile trentenaire. Une occasion d'enrayer l'intégrisme et le dogmatisme venus de Rome, ou perçus tels. L'onde de choc échappe pour une large part à Jacques Gaillot. Il cristallise et rassemble une contestation qui – « tant mieux », dirait-il – le dépasse. Une coalition anti-immobilisme. Provisoire ou durable ? Qui sait ?

L'aveuglement de Rome est incompréhensible aussi pour tous ces chrétiens de la base, qui ne s'étaient jamais définis comme parti du mouvement. Le courrier en témoigne, la réalité du terrain aussi. La pénurie de prêtres a contraint tant de laïcs à s'investir, à prendre des responsabilités. À participer à une Église plus égalitaire, plus conviviale, « plus adulte », insiste Jacques Gaillot. La décision du Vatican les rapproche des plus militants. Le clivage gauche-droite s'en trouve ressuscité. Ou conforté.

En matière d'exclusion, la comparaison avec Monseigneur Lefebvre, parfois proposée, ne tient pas. L'évêque d'Ecône était schismatique, Vatican II représentant à ses yeux une intrusion aussi diabolique pour le catholicisme que la Révolution française. À moins que le Saint-Père, se gardant à droite et à gauche, ait mis sur le même pied ceux qui, ostensiblement, ne respectent pas ses tables de la loi.

Jacques Gaillot, dès 1991, avait répondu par avance, avec le sens de la formule : « Pour l'Église, revenir au passé est sans avenir. Notre présence passe par d'autres voies, dans des sociétés sécularisées. L'Église affirme sa présence, hors des institutions. Parmi d'autres. Sans monopole. Sans situation de privilégiée. Sans reconnaissance officielle qui nous ramènerait à la religion d'État. La séparation de l'Église et de l'État est une donnée positive, la laïcité garantissant toutes les expressions spirituelles. » C'est dire à quel point le prélat crossé partage peu le concept papal de « nouvelle évangélisation de l'Europe ».

Rome a-t-elle pensé isoler, marginaliser l'évêque d'Évreux ? Son éviction devait affirmer haut et fort l'unité de l'Église. Gommer les aspérités. Brûler par un traitement radical ce qui était, de plus en plus, perçu comme une verrue. Paradoxe ? Ou au contraire logique sociale, mauvaise appréciation des rapports de force ? Le limogeage ravive les discussions, donne à l'aile progressiste de l'Église une bannière, un emblème. Le panache blanc qui la rallie pour la contre-attaque. L'enthousiasme qui manquait pour reprendre l'initiative, face à la toute-puissance conservatrice.

Beaucoup réclament la réhabilitation, la réintégration de l'« évêque martyr ». « Jean XXIII, reviens, ils sont devenus fous ! » Le slogan en résume bien d'autres. Qui s'illusionne ? Rome n'a pas coutume de reculer. La décision ne résulte pas d'un coup de tête. L'ancien évêque d'Évreux, chacun le sait ou le sent, ne retrouvera pas son diocèse. Seuls les plus enthousiastes, les moins politiques le croient. Ils ne sont pas des syndicalistes en grève réclamant au patron la levée d'une sanction prise contre le délégué. Le chef d'entreprise, ici, n'est ni rompu, ni converti à ce jeu-là.

Le centre-ville est bouclé, la cathédrale cernée. « Ma joie est immense. Je sais que vous êtes venus de tous les coins de France et de l'étranger. La fatigue n'arrive pas à avoir raison de moi. Quand je suis arrivé à Évreux, la cathédrale était loin d'être pleine. Aujourd'hui, elle ne peut vous accueillir tous. Merci d'être là, amis de lutte. La sanction qui m'a frappé a produit une onde de choc extraordinaire. Je m'en réjouis et je pense que cela peut être bénéfique. Je remercie les nombreuses initiatives et je pense que cette vague ne retombera pas. » La sonorisation permet à chacun d'entendre, à l'abri de milliers de parapluies, ce message de Jacques Gaillot. Une minorité, au milieu de l'après-midi, pourra entrer dans la cathédrale. Cent cinquante médias sont là.

Chasuble orange et ineffable sourire, l'évêque se fraie laborieusement un chemin vers le portail. Bousculades, cohue, cris, enthousiasme, slogans. « L'Église doit servir, pas asservir », « Jésus-Gaillot, même procès ». Beaucoup sont venus de loin, par cars ou trains spéciaux. Ils voudraient lui parler, lui serrer la main. Gaillot super-star ou roi thaumaturge ? Pour quelques-uns sans doute. Il salue la foule.

À l'intérieur, la messe est concélébrée avec Philippe Zobel, abbé du Bec-Hellouin, Roland Dollé, administrateur du diocèse vacant. Et quatre évêques : ceux d'Amiens, du Havre, de Langres et de Saint-Denis. « Je suis heureux que quatre évêques soient venus m'apporter, par leur présence, leur soutien ou leur compassion. Mais j'aurais préféré davantage de solidarité avant », dira plus tard Jacques Gaillot. Plus que jamais, au milieu des siens, il se fait porte-parole des exclus, Monseigneur des autres, l'évêque sans frontières.

Les symboles qui lui sont chers manifestent le sens d'un itinéraire ou d'un combat : le groupe compact des diacres suivi d'une procession représentant soixante-dix associations, entrent en cortège dans la cathédrale. Jacques Gaillot, embrassant chacun, paraît aux anges. Plus moine ou sage qu'évêque.

Les intentions de prière sont énoncées en huit langues, dont deux africaines. Dehors, la foule participe au chœur, se recueille et applaudit tour à tour. Vient l'homélie de Jacques Gaillot.

« Ne pleurez pas. Ne prenez pas le deuil. Ce jour est un jour de fête et de joie.

« La vague de confiance et de solidarité surgie parmi les gens les plus divers est devenue une rumeur d'espérance.

« L'événement qui s'est passé est révélateur des aspirations profondes qui sont en attente dans la société comme dans l'Église.

« Aspiration à la liberté de parole, au droit à la différence, au respect de la dignité de chacun, à la démocratie. Ce sont des valeurs que beaucoup réclament et attendent car bien souvent les responsables agissent et décident sans tenir compte des gens. »

« Jour de fête et de joie. » Il a auparavant salué les uns et les autres. La foule immense est dehors. Croyants ou non. Merci aussi à ceux qui ne croient pas d'être là. La vigilance critique des non-croyants est vitale : elle tient en éveil la conscience évangélique des chrétiens.

« Réjouissons-nous de la diversité de notre assemblée. Nous avons besoin les uns des autres pour vivre de manière créatrice. Nous voici rassemblés pour ouvrir le livre de la Vie, la Parole de Dieu est lumière pour la route. Parole qui guérit et libère les cœurs de ceux qui sont blessés. N'ayez pas de haine, pas de violence en vous.

« Notre cœur n'est pas fait pour haïr. »

Responsabilité, le mot va revenir plusieurs fois. Sa déclinaison forme la trame de l'intervention : part, partage, solidarité, « ouverture au monde », « chemins nouveaux », avenir, initiatives. Que chacun prenne la part qui lui revient, dans son rapport fraternel avec le monde, que tous exercent leur liberté, dans sa plénitude.

« Et cette responsabilité du peuple de Dieu c'est sa mission. L'Évangile de Luc nous rappelle que c'est la mission du Christ lui-même et qu'elle lui vient de Dieu. Cette mission n'appartient à personne. Et nul ne peut l'accaparer et s'en dire propriétaire. Chaque baptisé en est porteur, dans la communion de l'Esprit saint.

« Cette mission n'a pas changé depuis le jour où, s'appuyant sur la prophétie d'Isaïe, Jésus l'a définie une fois pour toute :

"L'Esprit du Seigneur est sur moi
Parce que le Seigneur m'a consacré par l'onction
Il m'a envoyé porter la Bonne Nouvelle aux pauvres

Il m'a envoyé annoncer aux prisonniers qu'ils sont [libres
Il m'a envoyé annoncer aux aveugles qu'ils verront la [lumière
Il m'a envoyé apporter aux opprimés la libération et annoncer une année de bienfaits accordés par le [Seigneur."

« Cette parole de l'Écriture, que vous venez d'entendre, c'est aujourd'hui qu'elle s'accomplit. Elle s'accomplit si nous la proclamons au pluriel et au présent.

« Ce que j'ai vécu avec vous ici dans ce diocèse d'Évreux, ce que j'ai vécu ailleurs dans toutes sortes de circonstances et d'occasions, me montre clairement que ces paroles du Christ sont le seul chemin de la mission, que tout chrétien, toute communauté, toute Église qui ne prend pas d'abord, avant tout, les chemins de la détresse des hommes n'a aucune chance d'être entendu comme porteur d'une Bonne Nouvelle.

« Pour ma part, en communion avec l'Église, je continuerai mon chemin pour porter la Bonne Nouvelle aux pauvres.

« L'Évangile est un message de liberté et d'amour. Annoncer Dieu aujourd'hui, c'est défendre la liberté de l'homme quel qu'il soit. La liberté de devenir vraiment homme, c'est aussi vivre de solidarité, être en particulier la voix des sans-voix. »

Un seul clin d'œil à la sanction qui le frappe : « L'Église doit être l'Église des exclus et pas de l'exclusion. » Sûr de son option prioritaire, Jacques Gaillot pourrait-il conclure autrement que par sa foi en l'avenir ?

« Le Christ a connu, dans sa chair, ce chemin : celui de l'abandon, de la condamnation injuste, de l'exclusion. Celui de la résurrection où les portes de l'Espérance se sont ouvertes tout grand sur le monde pour des heures de joie, de tendresse, pour la paix possible, pour l'Espérance jamais vaincue.

« Cette vague de confiance et de solidarité qui s'est formée aujourd'hui ne doit pas retomber. On ne peut rester les bras croisés.

« Quand un peuple prend la parole, des chemins nouveaux s'ouvrent. Des initiatives se prennent. Quand un peuple prend la parole, il n'y a plus de peur ni de crainte, mais des énergies neuves qui se déploient partout. »

Tôt ce 22 janvier 1995, la nuit s'ajoute à la pluie : la cérémonie s'est achevée depuis une heure. Ceux du parvis ont envahi à leur tour la nef de la cathédrale, avant de rentrer chez eux. L'évêque « sans diocèse fixe » revient saluer le dernier carré de fidèles – quelques centaines. Parmi eux, huit Allemands trempés au pied de leur banderole, « L'espoir nous lie à Jacques Gaillot ».

Avant de quitter Évreux, il prend son temps. L'évêque démissionné souhaite visiter chacun. De toute façon, le successeur n'est pas prêt d'être nommé. Le Vatican, avant d'envoyer le nouveau dans la poudrière, prendra son temps. Le temps, son meilleur allié depuis si longtemps. Le temps qui gomme les aspérités et rapetisse l'espoir.

Jacques Gaillot

L'Espoir, c'était le titre du roman d'un révolutionnaire de son temps, André Malraux. Justement, que reste-t-il de l'espoir suscité, amplifié, diffusé depuis douze ans ? Travail de scribes ? Péripéties ? Appropriation collective ? Ou simple étape d'un itinéraire qui se poursuit ?

CONCLUSION

UN HOMME LIBRE

« Depuis l'abbé Grégoire, combien de serviteurs de l'Évangile ont été réduits au silence ou condamnés ? Quitte à ce qu'on admette, du bout des lèvres, quelques décennies plus tard, qu'ils n'avaient pas forcément tort. Félicité Lamenais, Pierre Teilhard de Chardin, Hans Kung, Yves Congar, Leonardo Boff, Eugène Drewermann... En temps que téléspectateur moyen, je me suis posé la question : pour ce dialogue, pourquoi a-t-on fait appel au père Gaillot plutôt qu'à vous, Monseigneur Duval, en tant que président de la conférence des évêques de France, ou à vous, Monseigneur Brandt, puisque cela apparemment se passait dans votre diocèse ? De deux choses l'une : ou on vous a demandé, et vous avez refusé, parce que vous ne vouliez pas dialoguer ; ou on ne vous a pas demandé, parce que les organisateurs savaient bien que le dialogue ne serait pas possible. D'ailleurs, chaque fois qu'un évêque intervient à la radio ou à la télé, c'est

pour mettre la capote à l'index. C'est navrant. Vous devriez donc bénir le ciel d'avoir au moins un confrère qui crève l'écran, parce qu'il parle avec humanité. À lui seul, il rachète tous les autres. »

C'est un curé lorrain qui écrit aux « autres » évêques. Ton acrimonieux : les chrétiens les plus engagés se font polémistes. Les pamphlets abondent. La lettre de Pierre Arditti manifeste trois ans plus tôt la séduction exercée par le prélat inattendu chez les agnostiques. Deux lettres qui témoignent de la diversité des itinéraires qui menaient à Évreux.

« De ta fine et douce silhouette, de ce toi tendu infiniment vers l'autre, tu nous dis que nous survivrons et que peut-être, après tout, Dieu est aussi faible que nous, pauvres pécheurs, et qu'en cela il est le premier de nos frères, fragile et attachant, et non plus cette statue de marbre qui nous faisait peur ou nous indifférait.

« Je passe ma vie à courir derrière l'homme que je voudrais être. À de rares instants, je parviens à sa hauteur, quelques secondes, puis il me distance et disparaît loin devant. Je cours et courrai désespérément toute ma vie derrière lui. Cet homme que je désespère de rattraper vous ressemble. Et si, grâce à l'homme que vous êtes, Monseigneur – l'homme, les hommes, contrairement à toute attente –, les hommes sauvaient Dieu ? »

Cet homme-là n'est plus évêque d'Évreux, mais évêque toujours. Plus leste, plus libéré pour sauter les barrières. « Cette vague de confiance et de solidarité qui s'est formée aujourd'hui ne doit pas retomber », déclarait-il dans sa dernière homélie. « Quand un peuple prend la parole, il n'y a plus de peur ni de crainte, mais des énergies qui se déploient partout. »

Écho ou éveilleur d'une mouvance, l'homme était pourtant seul. Les supporters étaient nombreux, mais point de parti ou de machine, peu de collaborateurs. Y avait-il, y a-t-il place, dans la maison du prophète, pour d'autres prophètes ? Ses proches, qui l'approuvaient ou l'admiraient, n'étaient pas toujours mis en valeur. Même si, les dernières années, il « consultait » davantage. Dans cet isolement résidait la fragilité de l'homme. Elle ne l'inquiétait pas. Y pensait-il seulement ? Y avait-il quelque chose, quelqu'un qui inquiétât Jacques Gaillot, éternel optimiste ?

Qui ne se souvient de cette image, la plus forte de l'année 1989 ? Un étudiant chinois, immobile, lève les bras devant les chars qui s'avancent. Il se trouve aux abords de la place Tien An Men. Et les chenilles des blindés tournent, la colonne se rapproche de lui. Va-t-elle l'écraser comme tant d'autres ? À quelques décimètres du jeune homme aux mains nues, l'énorme masse métallique s'arrête, la colonne s'immobilise. La stratégie de Jacques Gaillot, nous disait un prêtre plutôt favorable au prélat, « ressemble à celui qui se couche sur la voie ferrée en attendant que le train arrive ». A-t-il auparavant prévenu la gare la plus proche ? Alerté les journalistes ? Notre interlocuteur ne nous le dit pas.

Pour suivre le cap fixé, l'évêque d'Évreux est capable de toutes les obstinations. Il choisit de préférence la ligne droite, même s'il a appris à accepter quelques détours. Obliquer lui déplaît. Avant de s'y résigner, il ira le plus loin possible. Jusqu'aux limites. Ou au-delà. Comme s'il testait la patience, la résignation ou le sang-froid de l'« autre camp ». Dans sa controverse avec les responsables de l'épiscopat, il recule quand les menaces et les insinuations atteignent une telle ampleur qu'il sent la pause nécessaire. Complètement dominé après avoir marqué quelques buts, l'attaquant de pointe finit par se replier. À contrecœur.

Mais le chemin parcouru est immense. Le héraut de Vatican II est persévérant. C'est sa force. Ses adversaires – ses confrères de la conférence épiscopale – sont timorés, souvent recroquevillés devant un monde qui leur fait peur. C'est aussi sa force. Entre les encycliques ou les injonctions papales et les situations concrètes, entre l'obéissance et le réalisme, l'Église de France colmate les brèches, comptabilise les désertions et assène des vérités que les plus convaincus écoutent à peine. Elle pare au plus pressé. Elle n'innove pas. La société change, le discours reste. Que jaillissent des injustices ou des revendications nouvelles et, tel le zouave du pont de l'Alma, elle regarde le flot qui monte. Entre l'archaïsme aux couleurs lepénistes de Lefebvre et la proposition d'épouser enfin notre siècle de libertés et d'inégalités, certains évêques joueraient volontiers les centristes. Peut-il y avoir un centrisme de l'Évangile ? N'était le communiqué de Lyon, on aurait pu le craindre.

Cette frilosité ou cette mièvrerie ne retirent rien aux mérites de Jacques Gaillot. Sa force, c'est un peu l'immobilisme de l'Institution. A-t-on vu d'une assemblée épiscopale sortir depuis vingt ans une idée neuve ? Un souffle de solidarité qui soit réellement perçu à l'extérieur ?

L'Église a peur du monde. Face aux défis qu'elle maîtrise ou qu'elle comprend mal, elle se replie, elle cadenasse. Qu'au moins elle conserve le petit capital qui lui reste ! Jacques Gaillot plaide l'ouverture. Plus : l'immersion. Pataugeons ensemble au risque de ne pas toujours garder les mains propres ! La défense de la boutique Église, le restons-ensemble-bien-au-chaud permettent peut-être d'éviter la vérole... ou le sida, mais pas la sclérose, la marginalisation.

Les catholiques pratiquants forment moins de 10 % de la population. Ils sont souvent plus âgés que la moyenne des Français. Faut-il prêcher prioritairement ces convaincus-là et se complaire entre soi ? Même en améliorant la qualité du spectacle par l'organisation de vastes rassemblements ou le retour aux pèlerinages d'antan ? Ou faut-il s'insérer, même minoritaires, dans d'autres processions ? Pour les droits de l'homme ? Pour le tiers monde ? Contre les discriminations ? Ce que Jacques Gaillot refuse, c'est l'enfermement. L'Église évite les terres nouvelles, elle ne franchit pas les clôtures. Pis, elle pose de nouvelles balises qu'elle interdit (ou déconseille, le verbe précédent sonne aujourd'hui trop mal) de dépasser.

Pour stopper ce racornissement, pour rappeler qu'un message de libération n'est pas fait pour être psalmodié entre chrétiens, bref que l'Église est d'abord hors de l'église, Jacques Gaillot a choisi une technique : la provocation médiatisée. Quand il dénonce le militarisme, la trompeuse liberté scolaire, les massacres de Palestiniens, le racisme ou la tartufferie, il tente de réagir contre l'érosion qui menace l'Église. Non qu'il souhaite remplir les nefs et déclencher des vocations, mais rappeler à tous – chrétiens ou non – la raison d'être de l'Église : le refus de prendre son parti de l'injustice ou de l'exclusion. Pour le prélat, la vocation de l'Église, dans une société laïque, c'est cela. C'est cela seulement. C'est tout cela. Et puisque la société est libre, l'Église doit être libre. Libre à l'intérieur. Libre aussi de toute alliance, et d'abord des saintes alliances du passé. Une Église libre qui s'adresse à des gens libres.

S'il exaspère ses pairs, est-ce par ce qu'il dit ou par les canaux qu'il utilise ? Ah ! s'il se contentait des labyrinthes poussiéreux où circulent les discours ecclésiastiques, s'il s'en tenait au parler-évêque compréhensible par cent initiés dans l'Hexagone, il serait déjà plus qu'à moitié pardonné ! Mais il parle le français de votre quotidien habituel, et les gazettes se font un plaisir de transmettre ce langage accessible à tous et qui concerne justement l'actualité et les problèmes de chacun. La délivrance d'un message passe par les médias modernes. L'exercice comporte des risques de dérapages et d'inexactitudes. Jacques Gaillot préfère se salir parfois les mains, ce qui ne le gêne pas pour les joindre à l'heure de la prière. L'Église hésite à communiquer. Les prélats ne savent comment se comporter face à l'opinion publique. Tant qu'ils resteront aussi gourds et craintifs devant les médias, croyant peut-être y mériter un régime de faveur, cet évêque-là gardera l'avantage. D'autant que le gringalet plaît aux journalistes : il est aimable, accessible, convaincu, apparemment candide et timide, un brin malicieux.

Sa force, c'est aussi sa sérénité. Une redoutable sérénité chez ce sexagénaire qui n'a jamais fini de grandir. Jamais torturé, ni dépressif ! Les opposants ont pu multiplier les plaintes, en appeler à Rome, menacer, vitupérer, injurier, il est resté de marbre. Et a poursuivi son chemin, avec la légèreté de celui qui se sent la conscience tranquille. Sérénité, on l'a vu, ne signifie pas naïveté. La candeur n'est qu'apparente et les conflits avec l'appareil l'ont initié à la tactique. Il s'y montre plutôt bon praticien. Il a longtemps paru ignorer les dangers, les conjurant *in extremis*.

Avec ses placements de père tranquille type caisse d'épargne, l'Église peine à conserver son capital. Celui de Jacques Gaillot se dilate de façon vertigineuse : il est vrai qu'il choisit les placements à risque, joue sur des actions inattendues ou des valeurs qu'il fait ensuite grimper, et encaisse quotidiennement les dividendes. Même correctement déclarés, ces bénéfices-là lui ont valu quelques redressements ! Son « diocèse invisible » s'est épaissi et élargi à la fois. Il constitue tout à la fois un encouragement, une protection et un risque.

Les soutiens de milliers de chrétiens stimulent l'évêque d'Évreux dans sa lutte contre le conformisme. Ces appuis viennent de plus en plus loin, d'au-delà des marges. Jacques Gaillot privilégie cette relation-là, par ses réponses, ses interviews, ses conférences. Elle est, avec les non-chrétiens, plus qu'un dialogue, une tâche menée en commun sur tous les fronts. Plus l'écho est fort, plus le prélat se sent protégé. Il l'est par les médias, il l'est par les réseaux qui se reconnaissent en lui. L'évêque est populaire dans la presse et dans l'opinion. Il retient au bercail des chrétiens prêts à abandonner l'institution s'il était lui-même évincé.

Le sanctionner plus lourdement présente un risque pour l'appareil. Mais un risque qu'un appareil inquiet peut prendre. Au nom de la restauration dans l'Église. Ou à cause de la trop grande popularité d'un des siens, qui fait ombrage aux responsables patentés de l'appareil. Les nomenklaturas n'aiment pas les francs-tireurs, ni les vassaux qui agrandissent leur fief sans permission. N'a-t-on pas laissé courir le bruit que Jacques Gaillot était tenté de se mettre à son compte ? Que ses positions hétérodoxes préludaient à quelque aventure ?

L'évêque d'Évreux n'a jamais envisagé la moindre cassure. La révolution, il veut la faire dans son Église. Porte-parole des exclus ? Oui. Fédérateur d'un courant ? Organisateur d'une tendance ou d'une faction ? Il est trop individualiste, trop casse-cou, trop basiste. Et trop imprégné de tradition catholique. Cette famille qu'il rudoie, il l'aime.

En le limogeant, le Saint-Siège pensait-il l'écarter ou s'en débarrasser ? Les risques paraissent mal calculés. D'un franc-tireur de l'Évangile, peu soucieux de structurer des énergies ou une tendance, elle se hasarde à faire plus qu'un porte-parole : une figure emblématique pour les chrétiens progressistes, un martyr ou une victime de l'arbitraire pour beaucoup d'autres. L'épiscopat s'en est ému, qui a compris que les avantages de la décision étaient loin d'être garantis. Incapable de réunir une conférence – c'eût été faire trop de cas du rebelle – il a vite délégué deux des siens pour suivre, « aider » ou encadrer l'évêque de Partenia. La tâche s'annonce ingrate.

Le pape a même reçu, une heure durant, une délégation des évêques français, le 3 mars 1995, « dans un climat de confiance ». Le Vatican, conscient des réactions, a évoqué, pour les expliquer, la « méconnaissance de l'Église et de son fonctionnement ». Oui, le fonds de commerce du Vatican est franchement à la baisse dans l'opinion. Rome se fait partout chantre des droits de l'homme. À grand renfort des moyens de communication qu'il dénie à Jacques Gaillot. Vive la démocratie ? Mais pas question qu'elle s'immisce dans le fonctionnement de l'Église, fût-ce à dose homéopathique ! Vive le centralisme théocratique ! Le public, lui, souffre de cette insupportable dichotomie. Saturé de discours, il préfère juger sur des actes que sur des bulles. L'évêque de Partenia met d'ailleurs les hésitants de son côté... et se dit prêt à une rencontre avec le pape. Pas pour se justifier, mais pour dialoguer.

Jean-Paul II, façon troisième septennat, autoritaire, conservateur, fermé à la modernité, hostile en son for intérieur à la laïcité et à la liberté de pensée, aggrave les incompréhensions. D'abord pape de la lutte contre le communisme, il est devenu le symbole de la restauration, de l'ordre moral. Sa nature le pousse à la faute. La mesure disciplinaire coûtera plus cher encore que les méfaits de la langue de bois ou la politique de l'autruche.

L'homme qu'il croit pousser dans les cordes n'a jamais été si fort. Le coup de crosse pourrait se révéler un coup de pouce. D'autant que Jacques Gaillot a politiquement et sociologiquement raison. Et cela, ses collègues, si hésitants soient-ils dans leurs réactions, le savent. Les chrétiens et les autres le sentent mieux encore. La sanction apparaît disproportionnée quand on essaie de résumer l'acte d'accusation.

Faut-il régenter la morale comme si la structure familiale n'avait pas changé ? Laisser le monde se peupler à un rythme endiablé ? Refuser la contraception ? L'usage du préservatif contre le sida ? Où que soient posées ces questions, Jacques Gaillot pourra continuer à écouter et à répondre. À considérer comme le mal absolu toutes les formes d'exclusion. Plus libre que jamais dans ses interventions. Mais on ne l'a pas renvoyé, d'abord, à cause de ces questions-là.

L'Église elle-même doit-elle se murer toujours plus ? Continuer de refuser l'ordination de femmes, d'hommes mariés, exclure les divorcés, refuser en son sein toute forme de démocratie… ? Ces revendications, ressassées parce que vitales, étaient autrement insupportables pour l'institution.

Le petit bonhomme aux yeux bleus a accédé à la célébrité, après être devenu évêque d'Évreux en 1982. C'est en 1984 ou 1985 qu'il fallait s'en débarrasser. Il a aujourd'hui un nom associé à une pratique – le terrain, les médias – et à des objectifs – la lutte contre les inégalités, la dignité pour tous – et émeut les publics aux marges de l'Église.

Les frontières de son diocèse étaient trop étroites. L'administration occupait un temps qu'il préférera dispenser ailleurs. Par peur de la sédentarité dont il craint les effets paralysants, peut-être serait-il parti de lui-même ? Rome lui offre une prime de licenciement : l'auréole du martyr. « Touche pas à mon Gaillot ! »

Pourquoi l'impact dont jouit sa libre parole, ce charisme qui mêle modestie, simplicité, finesse et bon sens, arc-boutés sur un inaltérable espoir mis en l'homme, n'auraient-ils pas demain le même succès ? À n'en pas douter, il va rebondir. Ou plutôt continuer, approfondir une parole tellement en phase avec les besoins de la société.

Les grandes idéologies sont mortes ou ne font plus recette. Les « affaires », qui touchent autant les éléphants politiques que les tigres de l'industrie et du négoce, l'absence de débats d'idées ou de projets politiques capables d'entraîner les plus conscients ou les plus oubliés, les solutions musclées des épurateurs ou des fondamentalistes d'ici ou d'ailleurs, tout concourt pour les pionniers à proposer de nouvelles frontières, à dégager un large terrain. Une fissure, un créneau, un espace. Une brèche. La société française, à l'instar de celles du Nord, est malade des exclus ou tentée par l'exclusion. Au marché des valeurs, l'honnêteté et le désintéressement sont à la hausse. Jacques Gaillot l'a mieux compris que les hommes politiques qui en font pourtant le plat de résistance des menus qu'ils proposent. L'évêque, lui, ne brigue rien et ne sera pas jugé aux résultats. « Mon chemin n'est pas politique, c'est l'Évangile, le service des hommes… » Il savait occuper le terrain social malgré son Église. Pourquoi ne continuerait-il pas, plus que jamais au milieu des autres ? Il n'en sera que plus à l'aise pour jouer, au gré des circonstances ou des appels, les attaquants de pointe ou les milieux de terrain.

« J'ai vraiment l'impression d'être davantage évêque depuis que je ne suis plus ici. Le lien s'est renforcé avec la foule. La confiance est plus forte. Ma liberté d'action aussi. Toutes ces manifestations de soutien accroissent mes responsabilités. Je ne dois pas décevoir. Pas facile d'apporter à tous un message d'espérance, de continuer à assurer un service du lien social, de contribuer à décloisonner nos sociétés, malgré cette chaîne de solidarité qui s'allonge. »

L'abbé Pierre tire son immense popularité d'un engagement obstiné et désintéressé. Jacques Gaillot n'en est pas la copie conforme. Mais il a commencé à creuser d'autres sillons. Que seront les semis et les récoltes du jardin qu'il bèche ? Ceux qui souffrent, et beaucoup d'autres avec eux, n'ont pas pris leur parti d'un monde à deux vitesses. L'affaiblissement du militantisme politique ou social, le décalage d'une Église qui se replie quand le monde se déchire donnent toutes ses chances à la poursuite de sa « carrière ». Les athées déçus et les chrétiens révoltés pourront trouver matière à nourrir leur altruisme, à discerner les signes avant-coureurs d'une alternative.

« Jamais je n'avais été tant sollicité, insiste-t-il en février 1995. Des appels pathétiques, des situations dramatiques. Que les gens soient de l'Église ou d'ailleurs. Qu'importe ! C'est l'homme qu'il faut sauver. Il prime toute institution. Mais ceux qui m'appellent n'ont pas conscience de mon emploi du temps. Quinze sollicitations par jour, rien que pour les déplacements ! Happé vers l'extérieur, je fais souvent le grand écart. À cinquante-neuf ans, j'ai pourtant l'impression d'un cadeau venu quand je ne demandais rien. Une occasion de redonner vie à l'aventure. Sans que l'itinéraire soit déjà balisé. » N'avait-il pas dit, dès son arrivée dans l'Eure, que « l'évêque était à tout le monde » ?

Les mesures administratives résolvent rarement les problèmes politiques. Ou théologiques. L'évêché mythique du Sahara, où vient d'être nommé Jacques Gaillot, ne le réduira sûrement pas au silence du désert. Il continuera de parler. Plus et mieux. Surtout si l'Église se raidit et s'isole dans ses certitudes. Le discours officiel se fait ici désuet, là anachronique, ailleurs insoutenable pour les humanistes, chrétiens ou non. Qu'on songe à la bonne parole d'abstinence sexuelle prodiguée par le pape aux populations africaines frappées par le sida !

Évêque d'Évreux ou pas, qu'importe ! Le citoyen du monde est plébiscité. Fort de l'onction populaire qui l'a promu évêque universel. Porteur des mêmes messages et peut-être de quelques autres qu'il gardait en réserve. Quittant Évreux, il choisit de s'installer à Paris, rue du Dragon, au cœur de la bataille des sans-logis.

Jacques Gaillot n'est pas un théoricien. Ce qu'il dit ou ce qu'il écrit n'a rien à voir avec les ouvrages ou les conférences d'un Leonardo Boff ou d'un Drewermann. Il se fie à son intuition. Il aime partir d'un événement, du vécu quotidien, puis l'analyser, proposer des pistes qui permettent à ceux qu'il a écoutés d'agir, là où ils sont.

Le prélat, en fait, reste le même. Plus connu, plus demandé, membre à part entière du hit-parade des médias ou de la cote d'amour, éveilleur ou évertueur d'espoirs. Il n'a cessé de le répéter depuis douze ans :

il se sent bien là où il est. Là où il n'est plus. Là où il sera.

Il vient pourtant de loin, ce fils docile d'une petite bourgeoisie peureuse et conformiste. Il a le sentiment d'avoir brisé le cercle des certitudes, cassé avant la cinquantaine les clôtures des univers étanches qu'il a traversés : le cocon familial, le séminaire qui ignorait la monde, la bonne conscience des pacificateurs de l'Algérie française, l'enseignement mal relié à la vie, l'administration en second qui limite les initiatives. Il était confiné en un lieu, à une tâche. Comme l'O.S. qui, des années durant, vissait les mêmes rétroviseurs, posait des pare-chocs ou assemblait les boîtes de vitesses, au hasard des besoins de l'entreprise et à qui, un jour, on laisserait construire et tester seul une automobile. Il découvre la machine dans toutes ses dimensions. Jacques Gaillot rencontre l'homme dans sa globalité, l'espace dans son infinité. Le diocèse avait certes des frontières, mais il ne les remarquait plus.

Le vicaire général n'avait pas demandé de promotion. Mais il a découvert le métier d'évêque, une fonction dans laquelle on embrasse tout, et qu'il a décidé d'exercer pleinement. De manière prophétique, disent les chrétiens. Avec son insatiable appétit de justice contre tous les « déficits du cœur ». Avec cette solidarité, cette tolérance qui lui font prendre, accepter et aider l'homme tel qu'il est. Avec l'envie ou le projet d'aller plus loin encore. « Être évêque, c'est être en première ligne », tranchait-il dès 1984. Croyait-il, dix ans avant son éviction, si bien dire ?

Prélat de nulle part, il peut mûrir des réflexions plus radicales encore. L'évêque « sans frontières » ou le « garde rouge » propose dans la non-violence une tentative de révolution culturelle. Pourquoi s'arrêterait-il ? Il a tant à dire encore. Et il aime tant le dire.

« Je n'avais rien demandé, je ne m'accroche à rien et je ne réclame rien pour moi. Mon avenir est là où je suis. » Une déclaration embarrassante pour tous les pères fouettards. L'homme Gaillot y est tout entier. Sa générosité, sa solitude, sa détermination.

UNE LETTRE DE JACQUES GAILLOT

Cher Christophe Wargny,

J'ai lu d'un trait ton manuscrit. Comme un roman. L'aventure est si prenante et le style si alerte que peu à peu j'en suis venu à oublier qu'il s'agissait de moi. Oui, au cœur de toute cette action, l'évêque dont on parle, c'est moi. Tu m'apprends à mieux me connaître.

Je ne me reconnais pas toujours dans les propos tenus ou dans les appréciations portées, mais de quel droit pourrais-je demander à l'auteur de modifier ce qu'il a cru bon de dire ? Peut-être y a-t-il aussi difficulté de ma part à m'identifier à l'image qui m'est renvoyée ? Il n'est pas toujours facile de rencontrer celui qu'on ne croyait pas être ! Mais un évêque ne s'appartient pas. Son ministère l'expose naturellement aux regards et aux critiques.

Jacques Gaillot

J'apprécie que tu me perçoives comme étant de l'Église et solidaire de l'Église, et je te suis reconnaissant de ton travail. Dans ce portrait d'homme d'action il t'était plus difficile de présenter la dimension spirituelle sans laquelle toutes les prises de position n'auraient plus leur raison d'être : la présence de Jésus de Nazareth, le Ressuscité de Pâques qui rend le cœur brûlant et donne la paix.

Avec toi, avec tant d'autres, nous continuerons d'aller là où se joue le sort de l'homme.

Avec passion.

Amitiés.

IMPRESSION – FINITION

Achevé d'imprimer en mars 1995
N° d'édition 1272 / N° d'impression L 48871
Dépôt légal mars 1995
Imprimé en France